中国华能
CHINA HUANENG

U0748438

新能源企业生态环境保护管理指导手册

中国华能集团有限公司生产环保部　组编

中国电力出版社
CHINA ELECTRIC POWER PRESS

图书在版编目（CIP）数据

新能源企业生态环境保护管理指导手册 / 中国华能集团有限公司生产环保部组编 . — 北京：中国电力出版社，2024.2
ISBN 978-7-5198-7502-2

Ⅰ . ①新… Ⅱ . ①中… Ⅲ . ①新能源 – 能源工业 – 生态环境保护 – 中国 – 手册 Ⅳ . ① F426.2-62

中国版本图书馆 CIP 数据核字（2024）第 047655 号

出版发行：中国电力出版社
地　　址：北京市东城区北京站西街 19 号（邮政编码 100005）
网　　址：http://www.cepp.sgcc.com.cn
责任编辑：孙　芳（010-63412381）
责任校对：黄　蓓
装帧设计：赵姗姗
责任印制：吴　迪

印　　刷：北京九天鸿程印刷有限责任公司
版　　次：2024 年 2 月第一版
印　　次：2024 年 2 月北京第一次印刷
开　　本：850 毫米 ×1168 毫米　32 开本
印　　张：3.625
字　　数：84 千字　插页 1 张
册　　数：0001—3000 册
定　　价：50.00 元

编写委员会

主　　编：李向良

副 主 编：陈　江　王力军　赵建勇　王利国
　　　　　解育才

编写人员：刘　逍　叶　林　杨万荣　孟　喆
　　　　　张子炎　徐庆鸿　丁　为　王　曦
　　　　　党庆伟　郭佳浩　高　超　庞　博
　　　　　张晨昕　王志强　乐　波　舒　涛
　　　　　贾薇茜

为全面贯彻党的二十大精神和习近平生态文明思想，深入落实习近平总书记在全国生态环境保护大会上的重要讲话精神，牢固树立"绿水青山就是金山银山"的理念，深入打好污染防治攻坚战，以华能"三色"文化为引领，严格落实企业生态环保主体责任，推进企业环保治理体系建设和治理能力的现代化，不断提升企业生态环保标准化管理水平，中国华能集团有限公司生产环保部组织有关单位专家编制火电、水电、新能源、煤炭等系列企业生态环保管理指引手册，2022年出版并发行《火电企业环保指引手册》，2023年组织编写完成了《水电／新能源／煤炭生态环保管理指引手册》。

本手册为《新能源企业生态环境保护管理指导手册》。其主要依据国家法律法规和行业环保管理标准，结合新能源企业产业特点，提出了新能源企业环境保护管理内容及执行标准要求，为基层新能源企业负责人和环保管理人员提供了管理依据，也为新上岗的环保工作人员快速掌握国家和行业环保管理要求提供了工作指导。

由于时间仓促，本手册尚有诸多不完善之处，在试行过

程中希望企业使用者给予更好的意见和建议，编委会将进一步修改

完善。

中国华能集团有限公司生产环保部

2023 年 12 月

编制说明

1. 本手册中引用的国家政策法规文件均截至 2023 年 11 月 30 日，后续国家更新的政策法规文件，需要各单位每年进行制度合规性评价，及时更新修正。

2. 地方性法律法规及标准需要各使用单位补充完善。

3. 本手册编制的工作流程均是通用版，根据国家放管服政策，多数审批权限均已下放到省市级，请使用单位根据当地规定进行修订。

中国华能　CHINA HUANENG

1　法律规范与制度体系

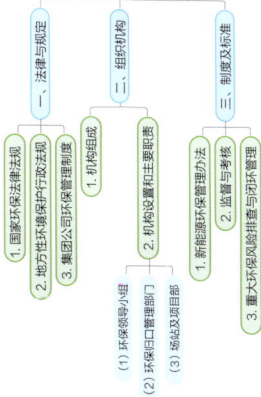

一、法律与规定
1. 国家环保法律法规
2. 地方性环境保护行政法规
3. 集团公司环保管理制度

二、组织机构
1. 机构组成
   (1) 环保领导小组
   (2) 环保归口管理部门
   (3) 场站及项目部
2. 机构设置与主要职责

三、制度及标准
1. 新能源环保管理办法
2. 监督与考核
3. 重大环保风险排查与污染环境管理

4　生产运营期环保管理

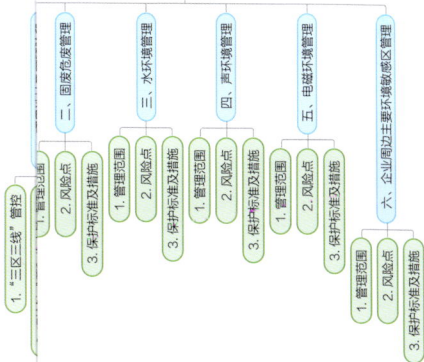

一、固废危废管理
1. "三区三线"管控
2. 风险点
3. 保护标准及措施

二、水环境管理
1. 管理范围
2. 风险点
3. 保护标准及措施

三、水环境管理
1. 管理范围
2. 风险点
3. 保护标准及措施

四、声环境管理
1. 管理范围
2. 风险点
3. 保护标准及措施

五、电磁环境管理
1. 管理范围
2. 风险点
3. 保护标准及措施

六、企业周边主要环境敏感区管理
1. 管理范围
2. 风险点
3. 保护标准及措施

5

一、生态监测
1. 监测范围
2. 监测频次及点位

9　环保定期工作

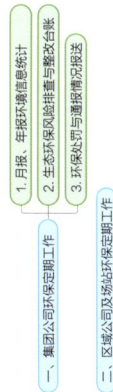

一、集团公司环保定期工作
1. 月报、年报环境信息统计
2. 生态环保风险排查与整改台账
3. 环保处罚与通报情况报送

二、区域公司及场站环保管理

第一章　法律规范与制度体系

2021 年 11 月，中共中央、国务院印发《关于深入打好污染防治攻坚战的意见》，进一步明确国家进入新发展阶段，深入打好污染防治攻坚战，需要着力解决思想认识不够深、治理能力不够强、改善水平不够高、工作成效不够稳、治理范围不够广等不足和短板，推动在重点区域、重点领域、关键指标上实现新突破。因此，企业环保管理顶层制度应从组织体系、制度体系、监督体系、考核奖惩四个方面全面落实企业生态环保"党政同责""一岗双责"要求，全面做好新能源企业的环境保护工作。

一、法律与规定

1. 国家环保法律法规

环境保护是我国的一项基本国策，《中华人民共和国环境保护法》已列入国家宪法，环境保护坚持保护优先、预防为主、综合治理、公众参与、损害担责的原则。一切单位和个人都有保护环境的义务。

以下汇总的国家环保法律法规，可在中华人民共和国生态环境部官网上查询，企业执行的法律法规不限于以下汇总。

（1）国家环保法律法规。

● 《中华人民共和国环境保护法》（2014 年 4 月 24 日修订）；

● 《中华人民共和国环境影响评价法》（2018 年 12 月 29 日修正）；

● 《中华人民共和国环境保护税法》（2018 年 10 月 26 日修正）；

● 《中华人民共和国节约能源法》（2018 年 10 月 26 日修正）；

● 《中华人民共和国循环经济促进法》（2018 年 10 月 26 日修正）；

● 《中华人民共和国清洁生产促进法》（2012 年 2 月 29 日修订）；

● 《中华人民共和国可再生能源法》（2009 年 12 月 26 日修正）；

● 《中华人民共和国水法》（2016 年 7 月 2 日修正）；

● 《中华人民共和国水污染防治法》（2017 年 6 月 27 日修正）；

● 《中华人民共和国水土保持法》（2010 年 12 月 25 日修订）；

● 《中华人民共和国土壤污染防治法》（2018 年 8 月 31 日）；

● 《中华人民共和国噪声污染防治法》（2021 年 12 月 24 日）；

● 《中华人民共和国固体废物污染环境防治法》（2020 年 4 月 29

日修订）；

● 《中华人民共和国防沙治沙法》（2018 年 10 月 26 日修正）；

● 《中华人民共和国土地管理法》（2019 年 8 月 26 日修正）；

● 《中华人民共和国生物安全法》（2020 年 10 月 17 日）；

● 《中华人民共和国突发事件应对法》（2007 年 8 月 30 日）。

（2）国家及行业标准。

1）环境影响评价类。

● 《国务院关于环境保护若干重要问题的决议》（国发〔1996〕31 号）；

● 《中华人民共和国环境保护税法实施条例》（国令〔2017〕693 号）；

● 《生态环境部建设项目环境影响报告书（表）审批程序规定》（生态环境部令〔2020〕14 号）；

● 《环境保护档案管理办法》（生态环境部令〔2021〕25 号）；

● 《规划环境影响评价条例》（国令〔2009〕559 号）；

● 《环境监测管理办法》（环保总局令〔2007〕39 号）；

● 《生态环境行政处罚办法》（生态环境部令〔2023〕30 号）；

● 《环境监管重点单位名录管理办法》（生态环境部令〔2022〕27 号）；

● 《生态环境标准管理办法》（生态环境部令〔2020〕17 号）；

● 《环境影响评价公众参与办法》（生态环境部令〔2018〕4 号）；

● 《突发环境事件调查处理办法》（环境保护部令〔2014〕32 号）；

● 《建设项目环境保护管理条例》（国令〔2017〕682 号）；

● 《建设项目环境影响评价分类管理名录》（生态环境部令〔2020〕16 号）；

● 《建设项目环境影响登记表备案管理办法》（环境保护部令〔2016〕41号）；

● 《建设项目环境影响后评价管理办法（试行）》（环境保护部令〔2015〕37号）；

● 《建设项目环境影响评价文件分级审批规定》（环境保护部令〔2009〕5号）；

● 《生态环境部关于进一步完善建设项目环境保护"三同时"及竣工环境保护自主验收监管工作机制的意见》（环执法〔2021〕70号）；

● 《国家林业和草原局关于规范风电场项目建设使用林地的通知》（林资发〔2019〕17号）；

● 《重污染天气重点行业应急减排措施制定技术指南》（2020年修订版）（环办大气函〔2020〕340号）；

● 《突发环境事件应急管理办法》（环境保护部令〔2015〕34号）；

● 《企业环境信息依法披露管理办法》（生态环境部令〔2021〕24号）；

● 《企业突发环境事件隐患排查和治理工作指南（试行）》（环境保护部公告〔2016〕74号）；

● 《中央企业节约能源与生态环境保护监督管理办法》（国务院国有资产监督管理委员会令〔2022〕41号）；

● 《大气污染物综合排放标准》（GB 16297—1996）；

● 《工业企业清洁生产审核 技术导则》（GB/T 25973—2010）；

● 《建设项目环境影响评价技术导则 总纲》（HJ 2.1—2016）。

2）水土保持类。

● 《排污许可管理条例》（国令〔2021〕736号）；

● 《排污许可管理办法（试行）》（生态环境部令〔2019〕7号）；

● 《固定污染源排污许可分类管理名录》（生态环境部令〔2019〕11号）；

● 《取水许可和水资源费征收管理条例》（国令〔2017〕676号）；

● 《水污染防治行动计划》（国发〔2015〕17号）；

● 《排污口规范化整治技术要求（试行）》（环监〔1996〕470号）；

● 《污水综合排放标准》（GB 8978—1996）；

● 《生产建设项目水土保持技术标准》（GB 50433—2018）；

● 《生产建设项目水土流失防治标准》（GB/T 50434—2018）；

● 《污水排入城镇下水道水质标准》（GB/T 31962—2015）；

● 《地表水环境质量监测技术规范》（HJ 91.2—2022）；

● 《地下水环境监测技术规范》（HJ 164—2020）；

● 《水质 采样技术指导》（HJ 494—2009）；

● 《水质 采样方案设计技术规定》（HJ 495—2009）；

● 《排污单位自行监测技术指南 总则》（HJ 819—2017）；

● 《排污单位环境管理台账及排污许可证执行报告技术规范 总则（试行）》（HJ 944—2018）；

● 《土地复垦质量控制标准》（TD/T 1036—2013）。

3）固废危废类。

● 《全国污染源普查条例》（国令〔2019〕709号）；

● 《重点管控新污染物清单》（生态环境部、工业和信息化部、农业农村部、商务部、海关总署、国家市场监督管理总局令〔2022〕28号）；

● 《危险化学品安全管理条例》（国令〔2013〕645号）；

● 《国家危险废物名录》（生态环境部、发展和改革委员会、公安部、交通运输部、卫生健康委员会令〔2020〕15号）；

● 《一般工业固体废物管理台账制定指南（试行）》（生态环境部公告〔2021〕82号）；

● 《危险废物经营许可证管理办法》（国令〔2016〕666号）；

● 《危险废物转移管理办法》（生态环境部、公安部、交通运输部令〔2021〕23号）；

● 《危险废物产生单位管理计划制定指南》（环境保护部公告〔2016〕7号）；

● 《危险废物经营单位编制应急预案指南》（国家环保总局公告〔2007〕48号）；

● 《污染源自动监控管理办法》（环保总局令〔2005〕28号）；

● 《一般工业固体废物贮存和填埋污染控制标准》（GB 18599—2020）；

● 《建筑材料放射性核素限量》（GB 6566—2010）；

● 《化学品分类和危险性公示 通则》（GB 13690—2009）；

● 《恶臭污染物排放标准》（GB 14554—93）；

● 《环境保护图形标志 排放口（源）》（GB 15562.1—1995）；

● 《环境保护图形标志 固体废物贮存（处置）场》（GB 15562.2—1995）；

● 《危险废物焚烧污染控制标准》（GB 18484—2020）；

● 《危险废物贮存污染控制标准》（GB 18597—2023）；

● 《危险废物填埋污染控制标准》（GB 18598—2019）；

● 《挥发性有机物无组织排放控制标准》（GB 37822—2019）；

● 《危险废物收集 贮存 运输技术规范》（HJ 2025—2012）；

● 《固体废物处理处置工程技术导则》（HJ 2035—2013）；

● 《废铅蓄电池处理污染控制技术规范》（HJ 519—2020）。

2．地方性环境保护行政法规

基层企业应补充所在省级（含自治区）、地市、县级发布的环保政策和要求。

格式为：文件名称（文号）和有关必须要执行的要求。

3．集团公司环保管理制度

● 《中国华能集团有限公司生态环境保护管理办法》；

● 《中国华能集团有限公司生态环境保护及污染物防治攻坚工作责任追究办法》；

● 《中国华能集团有限公司环保先进单位评选办法》；

● 《中国华能集团有限公司重污染天气应急预案》；

● 《中国华能集团有限公司电力生产管理考核办法》；

● 《中国华能集团有限公司污染防治攻坚实施方案》；

● 《中国华能集团有限公司舆情管理细则》。

二、组织机构

基层企业补充该项内容。

1．机构组成

要求：企业应明确以企业领导为第一责任人的，与企业生产经营相适应的节约能源与生态环境保护监督管理机构，明确责任部门和责任人，定期开展习近平生态文明思想和国家生态环保工作部署要求学习，及时开展国家新出台的环保法律法规宣贯与学习，提升全员意识和环境保护专业能力，实行环境保护目标责任制，主要指标定量考核，持续开展生态环保风险排查与整改，确保环保管理和指标双领先（依据《集团公司生态环境保护管理办法》）。

2. 机构设置和主要职责

（1）环保领导小组。

企业应成立环保领导小组，由主要负责人任组长，统一领导企业环境保护工作。主要职责为：

1）负责组织认真学习贯彻落实习近平生态文明思想，贯彻落实党中央、国务院及各主管部门关于中央生态环境保护的决策部署。

2）负责贯彻落实国家、地方、集团公司、上级公司有关环境保护方针和决策部署。

3）负责审定公司生态环境保护和污染防治规划、年度目标、重大环保项目方案及资金预算计划及其他重要事项。

4）负责统筹推进公司生态环境保护及污染防治工作，协调解决公司的突出生态环境问题。

（2）环保归口管理部门。

企业应建立健全生态环境保护管理制度体系，明确环境保护的归口管理部门，严格履行"管发展、管生产、管业务必须管生态环境保护"的要求，并设置环境保护管理岗位。

1）全面贯彻落实执行国家、地方政府环境保护法律法规、方针政策和相关行业标准，贯彻落实上级公司环境保护管理制度、企业标准、环境保护规划和年度计划。

2）负责制订公司环境保护管理制度、企业标准、环境保护规划和年度计划，落实集团公司下达的年度环保工作任务。

3）负责企业突发环境事件应急管理和处置，落实集团公司和上级公司生态环保风险整改闭环要求，督促和监督各部门、场站按期完成闭环整改。

4）负责监督规划、基建部门建设项目环境影响评价、水土保持评估和竣工环境保护、水土保持设施自主验收等工作，严格遵守环保、水保设施与主体工程同时设计、同时施工、同时投入生产和使用的有关规定。

5）负责生产过程中各类污染物的治理和组织实施环境污染治理工程。

6）负责组织开展企业权限范围内的环保改造项目招投标工作，招投标情况报公司备案，接受公司招投标监督。

7）负责监督水土保持、生态保护建设方案的落实。

8）负责开展本单位环保监督以及生态环境信息的统计、分析、审核、上报。

9）负责国家和地方新颁布的生态环境法律法规、管理制度、技术标准的宣贯学习和培训，不断加强企业环保能力建设；负责开展环保宣传、信息公开等工作。

10）负责开展资源综合利用工作，负责组织环境保护新技术、新工艺、新设备的应用工作。

11）负责各级环保督察核查迎检工作，并及时将核查通知和核查结果汇报上级公司。

12）负责处理本单位环境污染事故、环保事件和污染纠纷，并及时向公司、集团公司和相关政府部门报告。

（3）场站及项目部。

在生产运营期，场站是项目的环境保护与水土保持的主体责任单位；在基建施工期，项目部是项目的环境保护与水土保持的主体责任单位。场站（项目部）负责本区域内生产运营期间（基建施工期间）生态环境保护工作，负责执行和落实各项环保、水保措施。主要职责为：

1）贯彻执行国家、地方政府环境保护法律法规、方针政策，贯彻落实上级公司和公司环境保护管理制度、企业标准、环境保护规划和年度计划。

2）负责本区域固体废弃物的收集、贮存以及相关台账的管理，负责配合危废固废处置单位开展固体废弃物、废油的处置。

3）负责本区域生活污水的处理。

4）负责本区域环保改造的实施。

5）负责本区域边坡、道路、渣场的检查与维护，防治坍塌造成水土流失。

6）负责做好本区域环保监督以及生态环境信息的统计、分析、审核、上报。

7）负责本区域生产运营期环保设施的安全、稳定运行，负责污染物达标排放。

8）负责本区域生产运营期间水土保持、生态保护建设方案的落实。

9）定期参加公司环保技术培训。

10）负责做好本区域突发环境事件应急管理和处置，每月定期开展生态环保风险隐患排查与整改工作，并按期完成闭环整改。

三、制度及标准

1．新能源环保管理办法

企业是生态环境保护责任主体，场站（项目部）是管辖区域内生产运营期间（基建施工期间）环境保护和水土保持的主体单位。应建立健全节约能源与生态环境保护组织管理、统计监测和考核奖惩体系，要严格实行党政同责、一岗双责，按照管发展、管生产、管业务必须管生态环境保护的要求，将生态环境保护工作管理贯穿项目前期规划、基建施工、生产经营的全过程。

2．监督与考核

（1）企业内部监督与考核；

（2）环保管理标准化企业创建；

（3）环保优秀（先进）企业评选；

（4）环保优秀（先进）个人评选。

3．重大环保风险排查与闭环管理

建立企业环保风险常态化管理制度，建立企业环保风险台账，落实责任部门，实现环保风险闭环管理。企业应建立从上到下的生态环保风险隐患常态化管理机制，按照集团公司和上级公司风险管理要求，每月在综合统计系统中填报本单位环保风险情况，责任部门要坚持问题导向，实现早发现早整改的隐患常态化管理目标。

第二章　项目前期环保管理

  项目前期环保管理是指在建设项目的开发阶段，应严格执行《中华人民共和国环境影响评价法》和《生产建设项目水土保持方案管理办法》等相关法律法规的要求，通过实地探勘、前期论证等手段，依法合规开展项目的选址和用地预审，依法合规开展环境影响评价和水土保持前期工作，确保后续施工切实可行，符合环保要求和企业实际情况。

一、项目选址及可研阶段

1. "三区三线"管控

（1）管理范围。

报批建设项目涉及地区的土地用途、强度和规模应符合"三区三线"管控要求。

"三区"是指城镇空间、农业空间和生态空间。其中，城镇空间是指以承载城镇经济、社会、政治、文化、生态等要素为主的功能空间；农业空间是指以农业生产、农村生活为主的功能空间；生态空间是指以提供生态系统服务或生态产品为主的功能空间。

"三线"分别对应在城镇空间、农业空间和生态空间划定的城镇开发边界、永久基本农田和生态保护红线这三条控制线。

（2）存在的风险。

报批建设项目因占用"三区三线"划定成果而发生环保通报、处罚事件。

（3）标准及要求。

1）新能源项目建设选址应符合"三区三线"管控要求，严格执行生态保护红线、环境质量底线、资源利用上线和环境准入负面清单要求。选址时应规避自然保护区，如生态红线、基本农田、基本林 / 草地、森林公园、水源保护区、行滞洪区、旅游保护区、国家保护（动植物）栖息、繁殖、迁徙区等。

2）选址前依据相关标准，核查地块是否涉及高压线路、国防光缆、油气管线、水利设施、机场净空、县级及以上行政区划、重要交通设施、军事用地用空、文物保护、民俗文化、居民点分布、建（构）筑物分布、已建风电场运行数据等资料。严格遵守法律法规的相关规定，避让国家明确规定的禁入区，避免进入敏感区［依据《风电场工程场址选择技术规范》（NB/T 10639—2021）3.0.2、4.0.1］。

2. 环境敏感区和生态敏感区

（1）管理范围。

环境敏感区主要是指"建设项目涉及的环境敏感区"，"涉及"是指建设项目位于、穿越、跨越环境敏感区，或环境影响范围涵盖环境敏感区。生态敏感区，是指依法设立的各级各类自然、文化保护区域，以及对建设项目的某类污染因子或者生态影响因子特别敏感的区域，主要包括：

1）国家公园、自然保护区、风景名胜区、世界文化和自然遗产地、海洋特别保护区、饮用水水源保护区。

2）除1）中提到的区域外的生态保护红线管控范围，永久基本农田、基本草原、自然公园（森林公园、地质公园、海洋公园等）、重要湿地、天然林，重点保护野生动物栖息地，重点保护野生植物生长繁殖地，重要水生生物的自然产卵场、索饵场、越冬场和洄游通道，天然渔场，水土流失重点预防区和重点治理区、沙化土地封禁保护区、封闭及半封闭海域。

3）以居住、医疗卫生、文化教育、科研、行政办公为主要功能的区域，以及文物保护单位（依据《建设项目环境影响评价分类管理名录》第3条）。

生态敏感区，主要是指法定生态保护区域、重要生境以及其他具有重要生态功能、对保护生物多样性具有重要意义的区域。其中，法定生态保护区域包括依据法律法规、政策等规范性文件划定或确认的国家公园、自然保护区、自然公园等自然保护地、世界自然遗产、生态保护红线等区域；重要生境包括重要物种的天然集中分布区、栖息地，重要水生生物的产卵场、索饵场、越冬场和洄游通道，迁徙鸟类的重要繁殖地、停歇地、越冬地以及野生动物迁徙通道等 [依据《环境影响评价技术导则 生态影响》（HJ 19—2022）3.3]。

（2）存在的风险。

建设项目的永久（临时）用地涉及环境敏感区和生态敏感区，而引发环保通报、处罚事件，甚至设备拆除。

（3）标准及要求。

在项目环评及可研阶段，对初步选址区域及其周边环境进行调研，建设用地和临时用地范围应尽量绕避环境敏感区。因特殊原因必须穿越环境敏感区时，环境影响报告书（表）应当就建设项目对环境敏感区的影响作重点分析。同时应遵守相关法律要求及该类保护区管理规定，有效控制项目对环境敏感区的影响（依据《建设项目环境影响评价分类管理名录》第 3 条）。

建设项目选址选线应尽量避让各类生态敏感区，符合自然保护地、世界自然遗产、生态保护红线等管理要求以及国土空间规划、生态环境分区管控要求。建设项目生态影响评价应结合行业特点、工程规模以及对生态保护目标的影响方式，合理确定评价范围，按相应评价等级的技术要求开展现状调查、影响分析及预测工作。应按照避让、减缓、修复和补偿的次序提出生态保护对策措施，所采取的对策措施应有利于保护生物多样性，维持或修复生态系统功能 [依据《环境影响评价技术导则生态影响》（HJ 19—2022）4.2]。

3. 林草地保护

（1）管理范围。

陆上风电场项目建设过程中，风机基础挖掘、场地平整、道路和集电线路施工等使用林地，会大范围扰动地表。依据相关规定，风电场建设过程中存在使用林地禁建区域和限制范围，同时道路建设和临时用地管理也存在相应的管理规范。

（2）存在的风险。

1）因项目"未批先占""少批多占""拆分报批"，以及以其他名义骗取使用林地行政许可等违法违规行为而发生处罚事件。

2）因野蛮施工破坏林地、林木，未及时恢复林业生产条件及弄虚作假骗取使用林地行政许可而发生处罚追责事件。

（3）标准及要求。

1）风电场建设使用林地禁建区域：生态功能重要、生态脆弱敏感区域的林地，如自然遗产地、国家公园、自然保护区、森林公园、湿地公园、地质公园、风景名胜区、鸟类主要迁徙通道和迁徙地等区域以及沿海基干林带和消浪林带[依据《关于规范风电场项目建设使用林地的通知》（林资发〔2019〕17号）]。

2）风电场建设使用林地限制范围：风机基础、施工和检修道路、升压站、集电线路等，禁止占用天然乔木林（竹林）地、年降雨量400mm以下区域的有林地、一级国家级公益林地和二级国家级公益林中的有林地。在通知下发之前已经核准但未取得使用林地手续的风电场项目，要重新合理优化选址和建设方案，加强生态影响分析和评估，不得占用年降雨量 400mm 以下区域的有林地和一级国家级公益林地，避让二级国家级公益林中有林地集中区域［依据《关于规范风电场项目建设使用林地的通知》（林资发〔2019〕17号）〕。

3）风电场道路建设和临时用地管理：风电场施工和检修道路，应尽可能利用现有森林防火道路、林区道路、乡村道路等，在其基础上扩建的风电场道路原则上不得改变现有道路性质。风电场新建配套道路应与风电场一同办理使用林地手续，风电场配套道路要严格控制道路宽度，提高标准，合理建设排水沟、过水涵洞、挡土墙等设施；严格按照设计规范施工，禁止强推强挖式放坡施工，防止废弃砂石任意放置和随意滚落，同步实施水土保持和恢复林业生产条件的措施。吊装平台、施工道路、弃渣场、集电线路等临时占用林地的，应在临时占用林地期满后一年内恢复林业生产条件，并及时恢复植被［依据《关于规范风电场项目建设使用林地的通知》（林资发〔2019〕17号）〕。

二、环境影响评价

1. 环评文件

（1）管理范围。

环境影响评价，是指对规划和建设项目实施后可能造成的环境影响进行分析、预测和评估，提出预防或者减轻不良环境影响的对策和措施，并在此基础上进行跟踪和监测。法律强制规定环境影响评价为指导人们开发活动的必须行为。实施环境影响评价制度，是贯彻"预防为主"环境保护方针的重要手段。建设对环境有影响的项目，应当依法进行环境影响评价。未依法进行环境影响评价的建设项目，不得开工建设（依据《中华人民共和国环境影响评价法》第 19 条）。

国家根据建设项目对环境的影响程度，对建设项目的环境影响评价实行分类管理。建设单位应当按照下列规定组织编制环境影响评价文件，即环境影响报告书、环境影响报告表或者填报环境影响登记表：

1）可能造成重大环境影响的，应当编制环境影响报告书，对产生的环境影响进行全面评价。

2）可能造成轻度环境影响的，应当编制环境影响报告表，对产生的环境影响进行分析或者专项评价。

3）对环境影响很小、不需要进行环境影响评价的，应当填报环境影响登记表（依据《中华人民共和国环境影响评价法》第 16 条）。

建设项目对环境影响程度的评价等级依据《建设项目环境影响评价分类管理名录》（2021 年版）。

（2）存在的风险。

1）进行环评文件编制时未充分进行实地探勘和信息收集，导致环评文件要求与现场实际情况不符或环评报告内容不符合国家相关法律法规。如基础资料明显不实，内容存在重大缺陷、遗漏或者虚假，环境影响评价结论不正确或者不合理等严重质量问题；环评报告未与拟议规划或拟建项目的特点相结合；环评报告中涉及的内容不符合国家的产业政策、环保政策和法规等（依据《中华人民共和国环境影响评价法》第 32 条）。

2）环评报告技术方案、经济论证等不符合要求。如：未正确识别可能的环境影响；未选择适当的预测评价技术方法；环境敏感目标未得到有效保护；未做到不利环境影响最小；替代方案和环境保护措施、技术经济不可行等。

3）未按要求针对项目所依托的 110kV 升压站及送出线路单独编制电磁辐射环境影响评价文件，并报有审批权的环境保护部门审批。

（3）标准及要求。

1）建设项目的环境影响报告书应当包括下列内容：

①建设项目概况；

②建设项目周围环境现状；

③建设项目对环境可能造成影响的分析、预测和评估；

④建设项目环境保护措施及其技术、经济论证；

⑤建设项目对环境影响的经济损益分析；

⑥对建设项目实施环境监测的建议；

⑦环境影响评价的结论（依据《中华人民共和国环境影响评价法》第 17 条）。

2）建设单位可以委托技术单位对其建设项目开展环境影响评价、编制建设项目环评报告；建设单位具备环境影响评价技术能力的，可以自行对其建设项目开展环境影响评价、编制建设项目环评报告（相关规定要求依据《建设项目环境影响评价资质管理办法》）。

编制建设项目环评报告应当遵守国家有关环境影响评价标准、技术规范等规定（依据《中华人民共和国环境影响评价法》第 19 条）。

3）实地探勘和现场核查意见是环境影响评价的主要程序。实地探勘是环评工作外业的基础，环评人员以此获得第一手资料和直观认知并辨识建设项目选址与周围环境、相关规划的协调性，同时为环评工作的进一步开展确立基本前提。实地探勘的基本目标是进行现状调查并对实际情形与书面资料进行对照和确认，确定评价等级与评价范围。同时为提高环评工作的有效性和工作效率，实地探勘还要完成下列工作：

①与相关方联系人沟通并取得联系方式，相关方如建设单位、可研编制单位、当地环保局开发科、监测单位等。

②索取基本资料，如现状分析所需的地理地质、气候气象、水文、功能区划、政府规划、社会环境等和已有的环境监测数据。

③确认选址具体位置、平面布置，选址选线周围的环境敏感点，拟定的水源和排放点、纳污水体，拟定的大气排放点和固废排放位置，厂址的土地性质和归属等。

④开展公众参与的相关事项，如环评公告与意见收集。

⑤其他必要的事项，如安排环境监测计划或监测布点、处理当地环保局出具的相关意见等。

4）除国家规定需要保密的情形外，对环境可能造成重大影响、应当编制环境影响报告书的建设项目，建设单位应当在报批建设项目环境影响报告书前，举行论证会、听证会，或者采取其他形式，征求有关单位、专家和公众的意见。建设单位报批的环境影响报告书应当附具对有关单位、专家和公众的意见采纳或者不采纳的说明（依据《中华人民共和国环境影响评价法》第 21 条）。

5）建设项目的环境影响评价文件经批准后，建设项目的性质、规模、地点，采用的生产工艺，或者防治污染、防止生态破坏的措施发生重大变动的，建设单位应当重新报批建设项目的环境影响评价文件。建设项目的环境影响评价文件自批准之日起超过五年，方决定该项目开工建设的，其环境影响评价文件应当报原审批部门重新审核（依据《中华人民共和国环境影响评价法》第 24 条）。

6）对于 100kV 以上电压等级的交流输变电设施，应按要求单独编制电磁辐射环境影响评价文件，报有审批权的环境保护部门审批，其结论应作为工程环境影响评价文件的依据，否则，不得审批其工程环境影响评价文件。已办理工程审批手续但无电磁辐射环境影响评价文件的，应在接到此通知后 3 个月内补办电磁辐射环境影响评价文件审批手续。新能源建设项目所依托的 110kV 升压站及送出线路超出规定的豁免范围，应另行开展环境影响评价［依据《电磁环境控制限值》（GB 8702—2014）和《环境影响评价技术导则　输变电》（HJ 24—2020）附录 B］。

2. 环评批复

（1）管理范围。

环评批复是国家主管部门对新开工项目的管理权限。新开工项目必须经过有关专家对环境影响评估，编制环境影响文件，上报国家环境主管部门审核。该项目通过国家主管部门的批准即为取得环评批复。

（2）存在的风险。

1）项目存在"未批先建"违法行为。如建设单位未依法报批建设项目环境影响报告书（表）或者审查后未予批准，建设单位擅自开工建设；或环境影响评价文件自批准之日起满 5 年未开工建设且未将其环境影响评价文件报原审批部门重新审核，建设单位擅自开工建设的违法行为［依据《关于加强"未批先建"建设项目环境影响评价管理工作的通知》（环办环评〔2018〕18号），相关处罚依据《中华人民共和国环境影响评价法》第31条〕。

2）对批复中指出的问题未及时整改而发生环保通报、处罚事件。

（3）标准及要求。

1）建设项目的环评报告，由建设单位按照国务院的规定报有审批权的环境保护行政主管部门审批。审批部门应当自收到环境影响报告书之日起60日内，收到环境影响报告表之日起30日内，分别做出审批决定并书面通知建设单位。国家对环境影响登记表实行备案管理（依据《中华人民共和国环境影响评价法》第22条）。

2）国务院生态环境主管部门负责审批下列建设项目的环境影响评价文件：

①核设施、绝密工程等特殊性质的建设项目；

②跨省、自治区、直辖市行政区域的建设项目；

③由国务院审批的或者由国务院授权有关部门审批的建设项目。

前款规定以外的建设项目的环境影响评价文件的审批权限，由省、自治区、直辖市人民政府规定。建设项目可能造成跨行政区域的不良环境影响，有关生态环境主管部门对该项目的环境影响评价结论有争议的，其环境影响评价文件由共同的上一级生态环境主管部门审批。

3）建设项目建设过程中，建设单位应当同时实施环境影响报告书、环境影响报告表，以及环境影响评价文件审批部门审批意见中提出的环境保护对策措施（依据《中华人民共和国环境影响评价法》第26条）。

4）建设项目的环境影响评价文件未依法经审批部门审查或者审查

后未予批准的，建设单位不得开工建设（依据《中华人民共和国环境影响评价法》第 25 条）。

3. 环评变更

（1）管理范围。

建设项目在建设或者运营中发生一般变动的，建设单位根据具体变动情况，依据相关要求（如各省市生态环境厅发布的《关于规范建设项目环境影响评价调整变更工作的通知》）编制《建设项目非重大变动情况分析说明》环评变更报告，及时开展变更工作并取得相关部门的环评变更批复。

与环评变更报告涉及的情况有所区别的是，建设项目的环境影响评价文件经批准后，建设项目的性质、规模、地点、采用的生产工艺或者防治污染、防止生态破坏的措施发生重大变动的，建设单位应重新报批建设项目的环境影响评价文件（依据《中华人民共和国环境影响评价法》第 24 条）。

（2）存在的风险。

1）对变更情况说明不清或评估有误，未及时开展变更导致验收不通过。

2）未取得相关部门的环评变更批复进行原批复计划外的动工建设，发生环保处罚或限期拆除事件。

（3）标准及要求。

编制的环评变更报告中应该包含以下内容：

1）变动情况。从项目的性质、规模、地点、生产工艺和环境保护措施五个方面，阐述实际建设内容、环评文件及批复要求、主要变动内容、变动原因、不利环境影响变化情况，对照重大清单逐条判定是否属于重大变动。

2）污染防治措施可行性。结合变动内容及污染防治措施的相关要求，分析变动后污染防治措施的可行性。

3）环境影响分析说明。针对建设项目变动前后产排污环节及治理设施的变化，分析污染物排放情况，并进行达标性分析；涉及环境风险源和环境风险防范措施变化的，说明危险物质和环境风险源变化情况，分析环境风险防范措施的有效性。

项目前期环境影响评价工作可参考图 2-1。

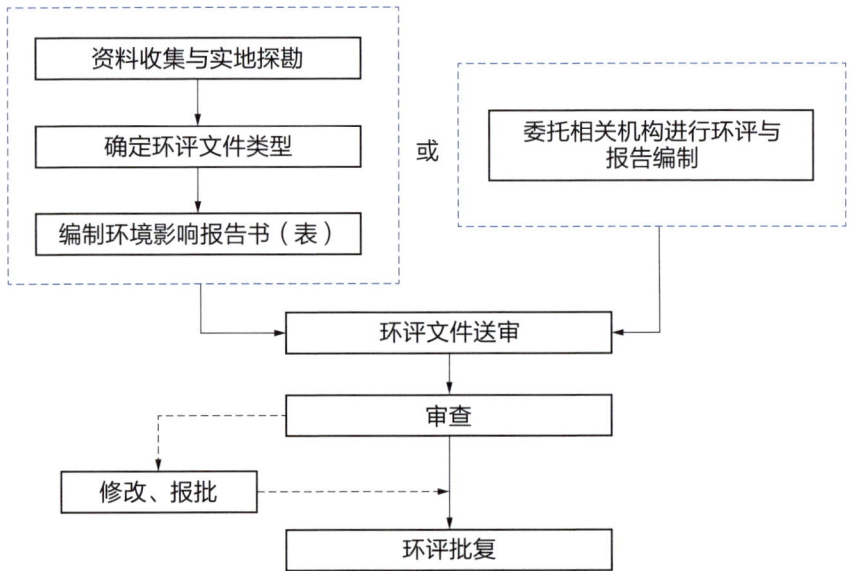

图 2-1　环境影响评价流程图

三、水土保持前期工作

1．水保方案

（1）管理范围。

在山区、丘陵区、风沙区以及县级以上人民政府或者其授权的部门批准的水土保持规划确定的容易发生水土流失的其他区域开办可能造成水土流失的生产建设项目，生产建设单位应当编报水土保持方案。可能造成水土流失的生产建设项目，是指在生产建设过程中进行地表扰动、土石方挖填，并依法需要办理审批、核准、备案手续的项目〔依据《生产建设项目水土保持方案管理办法》（2023 年 1 月 17 日水利部令第53 号发布）第 5 条〕。

水土保持方案分为报告书和报告表，相关区别如下：

1）征占地面积 5 公顷（1 公顷 =10000m²）以上或者挖填土石方总量 5 万 m³ 以上的生产建设项目，应当编制水土保持方案报告书。

2）征占地面积 0.5 公顷以上、不足 5 公顷或者挖填土石方总量1000m³ 以上、不足 5 万 m³ 的生产建设项目，应当编制水土保持方案报告表。

3）征占地面积不足 0.5 公顷并且挖填土石方总量不足 1000m³ 的生产建设项目，不需要编制水土保持方案，但应当按照水土保持有关技术标准做好水土流失防治工作〔依据《生产建设项目水土保持方案管理办法》（2023 年 1 月 17 日水利部令第 53 号发布）第 7 条〕。

同时永久（临时）渣场在水土保持方案中应明确用地范围和用地

性质。

（2）存在的风险。

1）进行水土保持方案文件编制时未充分进行实地探勘和信息收集，导致水保文件要求与现场实际情况不符或水保报告内容不符合国家相关法律法规的要求。如：水土保持方案基础资料数据明显不实，内容存在重大缺陷、遗漏；或存在法律法规和技术标准规定不得通过水土保持方案审批的其他情形等。

2）水土保持方案设计不合理。例如：水土流失防治目标、防治责任范围不合理；弃土弃渣未开展综合利用调查或者综合利用方案不可行，取土场、弃渣场位置不明确、选址不合理；表土资源保护利用措施不明确，水土保持措施配置不合理、体系不完整、等级标准不明确；生产建设项目选址选线涉及水土流失重点预防区、重点治理区，但未按照水土保持标准、规范等要求优化建设方案、提高水土保持措施等级等。

3）永久（临时）渣场未在水土保持方案中明确用地范围和用地性质。

4）项目开工前未依法依规一次性足额缴纳水土保持补偿费而被通报处罚。

（3）标准及要求。

1）水土保持方案应当包括水土流失预防和治理的范围、目标、措施和投资等内容。水土保持方案相关文件的编写可依据《生产建设项目水土保持技术标准》（GB 50433—2018）。水土保持方案文件的编制可以参考以下内容：

①方案编制总则；

②项目和项目区概况；

③主体工程水土保持分析与评价；

④水土流失防治责任范围及防治分区；

⑤水土流失预测；

⑥防治目标及措施布局；

⑦水土保持监测；

⑧水土保持投资估算及效益分析；

⑨实施保障措施；

⑩结论与建议。

2）需要编制初步设计的生产建设项目，其初步设计应当包括水土保持篇章，明确水土流失防治措施、标准和水土保持投资，其施工图设计应当细化水土保持措施设计［依据《生产建设项目水土保持方案管理办法》（2023 年 1 月 17 日水利部令第 53 号发布）第19 条］。

3）生产建设单位应当将水土保持工作任务和内容纳入施工合同，落实施工单位水土保持责任，在建设过程中同步实施水土保持方案提出的水土保持措施，保证水土保持措施的质量、实施进度和资金投入［依据《生产建设项目水土保持方案管理办法》（2023 年 1 月 17 日水利部令第 53 号发布）第 19 条］。

4）水土保持方案由生产建设单位自行或者委托具备相应技术条件和能力的单位编制［依据《生产建设项目水土保持方案管理办法》（2023 年 1 月 17 日水利部令第 53 号发布）第 6 条］。

2. 水保批复

（1）管理范围。

生产建设项目的水土保持方案报告书提交给相关部门后，由审批部门组织开展技术评审。评审后报告需要修改完善的，应将修改后的方案报告书提交专家组长审核并签字确认后报批。收到报批材料、部门及专家签署的意见后，审批部门进行审核、作出行政许可决定、拟文、签批并印发批文。

（2）存在的风险。

1）项目动工建设未严格遵守水土保持方案审批流程。例如：生产建设单位未编制水土保持方案或者水土保持方案未经批准的，生产建设项目擅自开工建设；或水土保持方案自批准之日起满 3 年未开工建设且未将其水土保持方案报原审批部门重新审核就擅自动工而发生环保通报、处罚事件（相关处罚依据《中华人民共和国水土保持法》第 53 条）。

2）对批复中指出的问题未及时整改而发生环保通报、处罚事件。

（3）标准及要求。

1）水土保持方案实行分级审批。

①国务院或者国务院有关部门审批、核准、备案的生产建设项目，其水土保持方案由水利部审批。

②县级以上地方人民政府及其有关部门审批、核准、备案的生产建设项目，其水土保持方案由同级人民政府水行政主管部门审批。

③跨行政区域的生产建设项目，其水土保持方案由共同的上一级人民政府水行政主管部门审批。

2）生产建设单位申请审批水土保持方案的，应当向有审批权的水行政主管部门提交申请，提供水土保持方案报告书或者水土保持方案报告表一式三份［依据《生产建设项目水土保持方案管理办法》（2023年1月17日水利部令第53号发布）第11条］。

3. 水保变更

（1）管理范围。

生产建设项目发生如下情况，应补充或者修改水土保持方案，并报原审批机关批准（依据各省市发布的《生产建设项目水土保持方案变更管理规定》）。其中包括：

1）水土保持方案经批准后，生产建设项目地点、规模发生重大变化的：

①涉及国家级和省级水土流失重点预防区或者重点治理区的；

②水土流失防治责任范围增加30%以上的；

③开挖填筑土石方总量增加30%以上的；

④线型工程山区、丘陵区部分横向位移超过300m的长度累计达到该部分线路长度的20%以上的；

⑤施工道路或者伴行道路等长度增加20%以上的；

⑥桥梁改路堤或者隧道改路堑累计长度20km以上的。

2）水土保持方案实施过程中，水土保持措施发生重大变更的：

①表土剥离量减少30%以上的；

②植物措施总面积减少30%以上的；

③水土保持重要单位工程措施体系发生变化，可能导致水土保持功能显著降低或丧失的。

3）新设弃渣场的，应及时向原审批机关办理变更手续。

（2）存在的风险。

1）对变更情况说明不清或评估有误。

2）未取得相关部门的水保变更批复进行原批复计划外的动工建设（相关处罚依据《中华人民共和国水土保持法》第53条）。

（3）标准及要求。

编制的水保变更报告中应该包含以下内容：

1）变更缘由与变更情形。从项目的性质、规模、地点、生产工艺和水土保持措施五个方面，阐述实际建设内容、水保文件及批复要求、主要变动内容、变动原因、不利环境影响变化情况，对照重大清单逐条判定是否属于重大变动。

2）变更的水土保持措施。结合变动内容及水土保持方案措施的相关要求，分析变动后水土保持方案的可行性。

3）投资估算。对改动后的水土保持方案的投资估算进行相关说明。

另外，在水土保持方案确定的专门存放地外新设弃渣场的，或者需要提高弃渣场堆渣量达到20%以上的生产建设单位可在征得所在地县级水行政主管部门同意后先行使用，同步做好防护措施，保证不产生水土流失危害，并及时向原审批机关办理变更手续。其中，新设弃渣场占地面积不足1公顷且最大堆渣高度不高于10m的，生产建设单位可先征得所在地县级人民政府水行政主管部门同意，并纳入验收管理。渣场上述变化涉及稳定安全问题的，生产建设单位应组织开展相应的技术论证工作，按规定程序审查审批［依据《生产建设项目水土保持方案变更管理规定（试行）》第5条］。

项目前期水土保持工作可参考图 2-2。

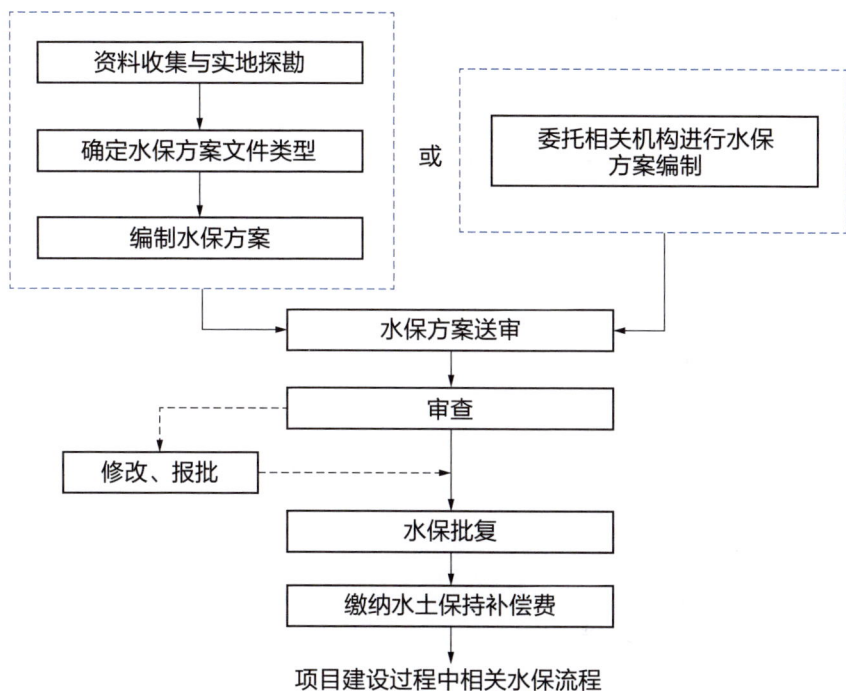

图 2-2　水土保持工作流程图

四、其他合法合规文件

1. 用地预审与选址

（1）管理范围。

项目用地预审，是指自然资源主管部门在建设项目审批、核准、备案阶段，依法对建设项目涉及的土地利用事项进行的审查。选址意见书是建设项目在立项过程中，由城市规划行政主管部门出具的该建设项目是否符合规划要求的意见书。申请用地预审的项目建设单位，应当提交下列文件：

1）建设项目用地预审申请表；

2）建设项目用地预审申请报告，内容包括拟建项目的基本情况、拟选址占地情况、拟用地是否符合土地利用总体规划、拟用地面积是否符合土地使用标准、拟用地是否符合供地政策等；

3）需审批项目建议书的建设项目提供项目建议书批复文件，直接审批可行性研究报告或者需核准的建设项目提供建设项目列入相关规划或者产业政策的文件。

（2）存在的风险。

1）建设项目用地不符合国家供地政策和土地管理法律法规规定的条件（依据《建设项目用地预审管理办法》第 11 条）。

2）建设项目选址不符合土地利用总体规划，属《土地管理法》第 26 条规定情形，建设项目用地需修改土地利用总体规划的，规划修改方案不符合法律法规的规定（依据《建设项目用地预审管理办法》第 11 条）。

3）建设项目用地规模不符合有关土地使用标准的规定；对国家和地方尚未颁布土地使用标准和建设标准的建设项目，以及确需突破土地使用标准确定的规模和功能分区的建设项目，未组织建设项目节地评价并出具评审论证意见（依据《建设项目用地预审管理办法》第 11 条）。

4）建设项目用地预审文件有效期为 3 年，自批准之日起计算。超过建设项目用地预审文件有效期或对土地用途、建设项目选址等进行重大调整，未重新申请预审（依据《建设项目用地预审管理办法》第

15 条）。

（3）标准及要求。

1）建设项目批准、核准前或者备案前后，由自然资源主管部门对建设项目用地事项进行审查，提出建设项目用地预审意见。建设项目需要申请核发选址意见书的，应当合并办理建设项目用地预审与选址意见书，核发建设项目用地预审与选址意见书（依据《中华人民共和国土地管理法实施条例》第 24 条）。

2）建设项目用地预审文件有效期为 3 年，自批准之日起计算。已经预审的项目，如需对土地用途、建设项目选址等进行重大调整的，应当重新申请预审（依据《建设项目用地预审管理办法》第 15 条）。

3）若项目的用地预审权限在自然资源部但规划选址权限在地方的项目，由自然资源部通过用地预审后，地方自然资源主管部门确定最终的规划选址，核发建设项目用地预审与选址意见书。若项目的用地预审权限在省级以下自然资源主管部门的，由省级自然资源主管部门根据本省实际情况，确定建设项目用地预审与选址意见书办理的层级和权限［依据《自然资源部关于以"多规合一"为基础推进规划用地"多审合一、多证合一"改革的通知》（自然资规〔2019〕2 号）］。

2. 生态红线评估

生态保护红线内自然保护地核心保护区外，禁止开发性、生产性建设活动，因此新能源项目建设的选址应该尽量避免在生态红线内。查阅相关地区各省（区、市）自然资源（海洋）、生态环境、林业和草原主管部门划定的生态红线范围，确认项目选址不在生态红线范围内，并在环境影响评价报告书（表）中进行说明。

3. 林草系统批复

建设项目林草用地相关批复流程如下：

（1）用地单位或者个人向县级人民政府林业和草原主管部门提出申请后，县级人民政府林业和草原主管部门应当核对提供的申请材料，对材料不齐全的，应当一次性告知用地单位或者个人需要提交的全部申请材料。

（2）县级人民政府林业和草原主管部门对材料齐全的使用林地申请，指派2名以上工作人员进行用地现场查验。查验人员应当对建设项目使用林地可行性报告或者使用林地现状调查表符合现地情况进行核实，重点核实林地主要属性因子，以及是否涉及自然保护地、是否涉及陆生野生动物重要栖息地、有无重点保护野生植物、是否存在未批先占林地行为，并填写统一式样的《使用林地现场查验表》。

（3）县级人民政府林业和草原主管部门对建设项目拟使用的林地组织公示，公示情况和第三人反馈意见要在上报的初步审查意见中予以说明，公示有关材料由县级林业和草原主管部门负责存档。公示格式、公示内容由各省（含自治区、直辖市）林业和草原主管部门规定。已由地方人民政府及其自然资源部门依照法律法规规定组织公示公告的，林业和草原主管部门不再另行组织。涉密的建设项目不进行公示。

（4）需要报上级人民政府林业和草原主管部门审核审批的建设项目，下级人民政府林业和草原主管部门应当在收到申请之日起20个工作日内提出初步审查意见，并将初步审查意见和全部申请材料报送上级人民政府林业和草原主管部门。

4. 压覆矿、军事、文物等批复

（1）压覆矿建设审批。

在建设项目之前，建设单位必须向所在省、自治区、直辖市地质矿产主管部门了解拟建工程所在地区的矿产资源分布和开采情况。非经国务院授权的部门批准，不得压覆重要矿床（依据《中华人民共和国矿产资源法》第33条）。

相关批复流程依据《国土资源部关于进一步做好建设项目压覆重要矿产资源审批管理工作的通知》（国土资发〔2010〕137号）规定执行。

（2）国家安全建设审批。

在重要国家机关、国防军工单位和其他重要涉密单位，以及重要军事设施的周边安全控制区域内新建、改建、扩建建设项目的，由国家安全机关涉及国家安全事项的建设项目许可（依据《中华人民共和国反间谍法》第21条）。

新能源项目建设前查阅各省人民政府发布的《涉及国家安全事项的建设项目管理办法》，依照相关规定和条例向有关部门提交相关申请。

（3）文物保护建设审批。

文物保护单位的保护范围内不得进行其他建设工程或者爆破、钻探、挖掘等作业。但是，因特殊情况需要在文物保护单位的保护范围内进行其他建设工程或者爆破、钻探、挖掘等作业的，必须保证文物保护单位的安全，并经核定公布该文物保护单位的人民政府批准，在批准前应当征得上一级人民政府文物行政部门同意（依据《中华人民共和国文物保护法》第17条）。

第三章　基建施工期环水保管理

　　新能源项目环水保管理主要责任在于项目基建施工期间，所采取的环水保三同时措施直接影响项目竣工验收和环保风险。建设项目环保管理人员应熟悉熟知项目环评、水保相关文件和批复的主要措施及要求，明确工作不同时期节点采取的重大环水保措施，确保项目依法合规实施建设。

一、 环境保护管理

为加强建设工程施工现场管理，防止因建筑施工对环境的污染，本条依据《中华人民共和国环境保护法》《建设项目环境保护管理条例》等有关规定对施工相关手续进行提交接受并审核。

项目部应设立环水保工作专责（或根据要求成立环水保工作机构），压实环水保工作在项目现场的责任，重点管理项目建设过程中环水保工作，建立环水保前期手续、过程监理及监测、环水保过程中采取措施的记录台账等，切实履行项目建设全过程中环水保的监管职责。

1. 项目施工阶段

（1）环保文件核查。

1）环评批复与项目核准（备案）文件中描述的工程建设内容是否一致，如果不一致是否履行环评变更手续（属于重大变更的需要重新进行环评报批，不属于重大变更的也应当履行相关报批程序，取得县级以上环保主管部门的受理意见，明确不属于重大变更不需要重新办理环评报批或者环评变更）。

2）针对单独核准的送出线路以及项目新建（扩建）升压站的，需要重点检查已批复的环评文件中是否包含有电磁辐射相关的环评内容（特别注意扩建项目中包含有新建主变压器的必须进行电磁辐射环评）。

3）检查环评批复及附件资料是否向相关施工单位移交，是否对相关施工单位进行交底；施工单位是否明确项目建设期环境保护的控制目标（如施工临建区生活污水及垃圾处、施工机械产生的废弃油脂等处理控制）。

（2）环保监理。

新能源相关企业在建设相关新能源设施时，建设单位在开工前应当依据《建筑工程施工许可管理办法》的规定，向工程所在地的县级以上地方人民政府住房城乡建设主管部门申请领取施工许可证。

1）管理范围。

2016年4月生态环境保护部发布了《关于废止〈关于进一步推进建设项目环境监理试点工作的通知〉的通知》（环办〔2012〕5号），环境监理试点工作正式终止，环境监理工作正式纳入国家和各级环保部门环境管理工作内容。建设项目应依据环评文件及批复按要求落实环保监理工作。新能源企业在环保监理工作中应关注设计文件中编制环境保护篇章。其环保监理主要工作为：

①落实防治环境污染和生态破坏的措施，以及环境保护设施投资概算情况。

②落实建设单位施工合同涵盖环境保护设施建设内容，并配置相应资金情况。

③落实建设项目实际开工时间超出环评文件批准之日起五年的报原审批部门重新审核情况。

④落实建设性质、规模、地点、采用的生产工艺或者防治污染、防止生态破坏的措施与环评文件、批复文件或环境保护设施设计要求的一致性，发生变动的，建设单位在变动前开展环境影响分析情况，重大变动重新报批环评文件情况。

⑤落实环境保护设施和措施与主体工程施工同步实施情况。

⑥落实建设过程中对生态环境的破坏或污染情况。

⑦落实有关国际条约履约要求和国家产业政策遵守情况，以及环评批复文件中环境监理要求的落实情况等。聚焦"三同时"监管重点（依据《关于进一步完善建设项目环境保护"三同时"及竣工环境保护自主验收监管工作机制的意见》第2条）。

2）存在的风险。

对于项目施工环保监理不到位的企业，除依据《建设项目环境保护管理条例》等法律法规进行处理处罚外，还应将建设项目有关环境违法信息及时记入环保信用信息平台，并及时向社会公开。

3）标准及要求。

环保监理过程应该依据《中华人民共和国环境保护法》《中华人民共和国环境影响评价法》《建设项目环境保护管理条例》等国家有关的法律法规。遵循守法、诚信、公开、科学的准则，确定环境监理是"第三方"的原则，同时应当将环境监理和业主的环境管理、政府部门的环境监督执法严格区分开来，并为业主和政府部门的环境管理服务，为相关项目段各个环保领域服务。

（3）环保监测。

1）管理范围。

项目施工环保监测的管理内容涉及对环境各个方面的监测和评估，以确保环境质量得到保护和改善，其主要内容有：

①生态系统监测；

②大气环境监测；

③水环境监测；

④声环境与振动监测；

⑤光环境监测；

⑥固废危废物管理监测；

⑦辐射监测；

⑧环保法规合规性监测；

⑨应急响应和事件监测等。

2）存在的风险。

对于环保监测工作落实不到位的，相关监测指标不符合要求会面临责令停工整改。如声环境指标与光环境指标超标等会对周围居民造成影响，可能给新能源企业带来舆情。

3）标准及要求。

相关施工期监测标准及要求与项目施工期现场管理相对应保护标准及措施相同，请参照项目施工期现场管理相对应的保护标准及措施。

2. 竣工验收阶段

环保竣工验收是指建设单位在建设项目完成后，自行组织对环保设施和环保工程进行检查和验收的过程。这个过程需要建设单位严格按照环保法规和标准进行验收，确保环保设施和环保工程的质量符合要求。同时，建设单位还需要对验收结果进行公示，接受社会监督。

（1）环保竣工验收报告。

1）管理范围。

建设单位是建设项目竣工环境保护验收的责任主体，应当依据《建设项目竣工环境保护验收暂行办法》规定的程序和标准，组织对配套建设的环境保护设施进行验收，编制验收报告，公开相关信息，接受社会监督，确保建设项目需要配套建设的环境保护设施与主体工程同时投产或者使用，并对验收内容、结论和所公开信息的真实性、准确性和完整性负责，不得在验收过程中弄虚作假。

环境保护设施是指防治环境污染和生态破坏，以及开展环境监测所需的装置、设备和工程设施等。

验收报告分为验收监测（调查）报告、验收意见和其他需要说明的事项等三项内容。

2）存在的风险。

需要配套建设的环境保护设施未建成、未经验收或者经验收不合格，建设项目已投入生产或者使用的，或者在验收中弄虚作假的，或者建设单位未依法向社会公开验收报告的，县级以上环境保护主管部门会依据《建设项目环境保护管理条例》的规定予以处罚，并将建设项目有关环境违法信息及时记入诚信档案，及时向社会公开违法者名单。

3）标准及要求。

①建设项目竣工后，建设单位应当如实查验、监测、记载建设项目环境保护设施的建设和调试情况，编制验收监测（调查）报告。

以排放污染物为主的建设项目，依据《建设项目竣工环境保护验收技术指南污染影响类》编制验收监测报告；主要对生态造成影响的建设项目，依据《建设项目竣工环境保护验收技术规范生态影响类》编制验收调查报告；火力发电、石油炼制、水利水电、核与辐射等已发布行业验收技术规范的建设项目，按照该行业验收技术规范编制验收监测报告或者验收调查报告。

②验收监测（调查）报告编制完成后，建设单位应当根据验收监测（调查）报告结论，逐一检查是否存在验收不合格的情形，提出验

收意见。存在问题的，建设单位应当进行整改，整改完成后方可提出验收意见。

验收意见包括工程建设基本情况、工程变动情况、环境保护设施落实情况、环境保护设施调试效果、工程建设对环境的影响、验收结论和后续要求等内容，验收结论应当明确该建设项目环境保护设施是否验收合格。

建设项目配套建设的环境保护设施经验收合格后，其主体工程方可投入生产或者使用；未经验收或者验收不合格的，不得投入生产或者使用。

③建设单位在"其他需要说明的事项"中应当如实记载环境保护设施设计、施工和验收过程简况、环境影响报告书（表）及其审批部门审批决定中提出的除环境保护设施外的其他环境保护对策措施的实施情况，以及整改工作情况等。

相关地方政府或者政府部门承诺负责实施与项目建设配套的防护距离内居民搬迁、功能置换、栖息地保护等环境保护对策措施的，建设单位应当积极配合地方政府或部门在所承诺的时限内完成，并在"其他需要说明的事项"中如实记载前述环境保护对策措施的实施情况（依据《建设项目竣工环境保护验收暂行办法》第 4 条、第 5 条、第 7 条）。

（2）环保自主验收。

自 2017 年 10 月 1 日起，依据《国务院关于修改〈建设项目环境保护管理条例〉的决定》（中华人民共和国国务院令第 682 号）第 17 条规定，行政验收改为由建设单位自主验收。与现在的验收程序不同，原企业环保验收需要向环保部门提出书面申请，经环保部门组织现场验收检查并完成相应整改后，才可取得验收结论。依据《建设项目环境保护管理条例》建设项目竣工环境保护验收行政许可全面取消，企业在建设项目竣工后只需自行组织验收即可（依据《中华人民共和国国务院令》第 682 号第 17 条、《建设项目竣工环境保护验收暂行办法》）。

1）管理范围。

自主环境保护验收的范围为建设项目配套建设的环境保护设施、措施。其中，环境保护设施是指防治环境污染和生态破坏，以及开展环境监测所需的装置、设备和工程设施等；环境保护措施是指预防或减轻对环境产生不良影响的管理或技术等措施。

2）存在的风险。

需要配套建设的环境保护设施未建成、未经验收或者经验收不合格，建设项目已投入生产或者使用的，或者在验收中弄虚作假的，或者建设单位未依法向社会公开验收报告的，县级以上环境保护主管部门应当依照《建设项目环境保护管理条例》的规定予以处罚，并将建设项目有关环境违法信息及时记入诚信档案，及时向社会公开违法者名单（依据《建设项目环境保护管理条例》）。

3）标准及要求。

建设项目竣工后，建设单位应当进行自主验收、编制验收监测（调查）报告。根据验收监测（调查）报告结论，逐一检查是否存在验收不合格的情形，提出验收意见，验收意见包括：

①工程建设基本情况；

②工程变动情况；

③环境保护设施落实情况；

④环境保护设施调试效果；

⑤工程建设对环境的影响；

⑥验收结论和后续要求等内容，验收结论应当明确该建设项目环境保护设施是否验收合格。

建设项目配套建设的环境保护设施经验收合格后，建设项目竣工的环保"三同时"验收其主体工程方可投入生产或者使用。

除按照国家需要保密的情形外，建设单位应当通过其网站或其他便于公众知晓的方式，向社会公开下列信息：

①建设项目配套建设的环境保护设施竣工后，公开竣工日期。

②对建设项目配套建设的环境保护设施进行调试前，公开调试的起止日期。

③验收报告编制完成后 5 个工作日内，公开验收报告，公示的期限不得少于 20 个工作日。

建设单位公开上述信息的同时，应当向所在地县级以上环境保护主管部门报送相关信息，并接受监督检查。验收报告公示期满后 5 个工作日内,建设单位应当登录全国建设项目竣工环境保护验收信息平台，填报建设项目基本信息、环境保护设施验收情况等相关信息，环境保护主管部门对上述信息予以公开。建设单位应当将验收报告以及其他档案资料存档备查（依据《建设项目竣工环境保护验收暂行办法》第 11 条）。

需要重点注意的是，新能源项目环保自主验收过程中生产建设单位需要严格进行敏感因素排查，确保项目设施范围内无敏感因素或敏感因素已排除，对于不可精准把握的敏感因素，需要及时协调县级以上环保主管部门或环保执法单位进行现场确认，杜绝纸面验收或调查不全的验收。

二、水土保持管理

1．项目施工阶段

（1）水保文件核查。

1）水土保持批复方案与项目核准（备案）文件中描述的项目建设地址范围是否一致，否则应咨询县级以上水土保持主管部门确定是否进行方案变更或者重新申报。

2）依据 2019 年 5 月 31 日国家水利部《关于进一步深化"放管服"改革全面加强水土保持监管的意见》要求"生产建设单位应当依据批准的水土保持方案与主体工程同步开展水土保持初步设计及施工图设计，按照程序与主体工程设计一并报有关部门审核，作为水土保持措施实施的依据"，需要确认水土保持初步设计是否编制，部分地区要求水土保持初步设计必须报市级水土保持主管部门进行备案。

3）涉及弃土弃渣场设置的，需要检查核对弃土弃渣场相关手续的合法合规性。

4）检查水保初步设计及批复的水土保持方案是否向相关施工单位进行交底；初步设计文稿、方案报告是否向施工单位进行移交；施工单位是否明确项目建设期水土保持的控制目标（如表土剥离、基坑开挖堆土挡墙要求等）。

（2）水保监理。

1）管理范围。

凡主体工程开展监理工作的项目，应当按照水土保持监理标准和规范开展水土保持工程施工监理。其中，征占地面积在 20 公顷以上或者挖填土石方总量在 20 万 m³ 以上的项目，应当配备具有水土保持专业监理资格的工程师；征占地面积在 200 公顷以上或者挖填土石方总量在 200 万 m³ 以上的项目，应当由具有水土保持工程施工监理专业资质的单位承担监理任务。

新能源企业在水保监理工作中应关注设计文件中编制的水土保持方案，其中包括：

①落实工程建设活动中可能产生水土流失各环节的预防和监管，包括准备工作、事前监理、过程监理和验收监理情况。

②协调参建各方的关系，工作内容应注重与主体工程监理、移民监理、环境监理的协调。

③落实根据合同约定开展的水土保持施工监理，其工程、植物等措施的施工质量控制、进度控制、投资控制、安全与文明施工管理情况。

④落实相应的信息管理、合同管理。相应工作内容和要求应按行业有关工程监理、质量评定等规范并结合《水土保持工程质量评定规范》（SL 336）执行。

⑤落实合同约定的其他相关服务〔依据《水利工程施工监理规范》（SL 288）〕。

2）存在的风险。

对水土监管问题不严格，生产建设中发生水土保持问题的，将被各级水行政主管部门依据水土保持法和水土保持问题责任追究办法等规定，依法严肃追究生产建设单位、技术服务单位和施工单位等相关单位和个人的责任。

3）标准及要求。

水保监理过程应该严格依据《水土保持工程施工监理规范》（SL 523—2011）、《水土保持综合治理验收规范》（GB/T 15773）、《生产建设项目水土保持设施验收技术规程》（GB/T 22490）依法依规监管。坚持用法治思维和法治方式加强水土保持监管。建立健全水土保持制度体系，完善事中事后监管制度，全面实施清单管理，推进水土保持监管制度化、规范化。

①公开公正监管。全面推行"双随机一公开"，建立健全水土保持信息公开平台，依法公开水土保持监管制度、权责清单、监管结果。

②科学有效监管。充分发挥第三方技术服务机构作用，构建科学高效支撑保障体系。

③联合协同监管。发挥信用体系约束、行业组织自律以及媒体和公众监督作用，实现社会共治。

（3）水保监测。

1）管理范围。

项目施工水保监测的管理内容涉及对水土保持各个方面的监测和评估，以控制环境水土保持，减少水土流失，其主要内容包含施工准备期监测内容和施工期监测内容。

①施工准备期监测内容包括：在工程开工之前，采用现场调查的方法，对监测范围内的地形地貌、土壤（质地与机械组成、抗蚀性等）植被类型、植被覆盖度、水文气象、土地利用现状、水土保持措施与质量、水土流失状况等基本情况进行全面调查，掌握工程建设前项目区水土流失背景状况，确定原地貌侵蚀模数及侵蚀程度。

②施工期监测内容包括：影响水土流失因子监测；防治责任范围动

态监测；弃土、弃渣动态监测；土壤流失量动态监测；水土保持防治措施效果监测。

2）存在的风险。

对相关水土要素在施工前期与施工期间监测出现问题的，如在水土保持方案确定的专门存放地以外的区域倾倒砂、石、土、矸石、尾矿、废渣等的，可能造成严重水土流失，从而受到监管部门的问责与依法处罚。

3）标准及要求。

新能源企业在环保监测时应该明确监测内容、使用科学合理的监测方法和频次、制定监测实施方案；在监测期间要做好监测记录和数据整编，按季度编制监测报告（以下简称监测季报）；在水土保持设施验收前应编制监测总结报告。监测实施方案、日常监测记录和数据、监测意见、监测季报和总结报告，应及时提交生产建设单位。监测单位发现可能发生水土流失危害情况的，应随时向生产建设单位报告。

监测单位应当在每季度第一个月向审批水土保持方案的水行政主管部门（或者其他审批机关的同级水行政主管部门）报送上一季度的监测季报。其中，水利部审批水土保持方案的生产建设项目，监测季报向项目涉及的流域管理机构报送（依据《水利部办公厅关于进一步加强生产建设项目水土保持监测工作的通知》）。

2. 竣工验收阶段

水保验收是指在建设项目完成时，组织对配套建设的环境保护设施进行验收，编制验收报告。这个过程需要建设单位严格按照环保法规和标准进行验收，确保环保设施和水保工程的质量符合要求。同时，建设单位还需要对验收结果进行公示，接受社会监督。

（1）水保竣工验收报告。

1）管理范围。

水土保持设施验收报告由第三方技术服务机构（以下简称第三方）编制。

第三方编制水土保持设施验收报告，应符合水土保持设施验收报告示范文本的格式要求，对项目法人法定义务履行情况、水土流失防治任务完成情况、防治效果情况和组织管理情况等进行评价，做出水土保持设施是否符合验收合格条件的结论，并对结论负责。

2）存在的风险。

应选择较为权威与官方的第三方，作为编制水土保持设施验收报告的机构，避免编制的水土验收报告出现纰漏。

编制水土保持方案报告书的，生产建设单位组织第三方机构编制水土保持设施验收报告。承担生产建设项目水土保持方案技术评审、水土保持监测、水土保持监理工作的单位不得作为该生产建设项目水土保持设施验收报告编制的第三方机构。

3）标准及要求。

①项目法人水土保持法定义务履行情况。

a）评价水土保持方案（含变更）编报等手续完备情况。

b）评价水土保持初步设计和施工图设计开展情况。

c）评价水土保持监测工作开展情况，包括重要防护对象月度影像记录保存情况。

d）评价水土保持监理工作开展情况。

e）复核水土保持补偿费缴纳情况。

②水土流失防治任务完成情况。

　　a）复核水土流失防治责任范围。

　　b）复核弃土（渣）场、取土（料）场选址及防护等情况。

　　c）复核水土保持工程措施、植物措施及临时措施等的实施情况。

　　d）复核水土保持分部工程和单位工程相关验收资料。

　　e）复核表土剥离保护情况。

　　f）复核弃土（渣）综合利用情况。

　　③水土流失防治效果情况。

　　a）评价水土流失是否得到控制，水土保持设施的功能是否正常、有效。

　　b）评价重要防护对象是否存在严重水土流失危害隐患情况。

　　c）复核水土流失防治指标是否达到水土保持方案批复的要求。

　　d）个别水土流失防治指标不能达到要求的，应根据当地自然条件、项目特点及相关标准分析原因，并评价对水土流失防治效果的影响。

　　④水土保持工作组织管理情况。

　　a）复核水土保持设施初步验收、监测、监理等验收资料的完整性、规范性和真实性。

　　b）复核水行政主管部门水土保持监督检查意见的落实情况。

　　c）评价水土保持设施的运行、管理及维护情况［依据《水利部办公厅关于印发生产建设项目水土保持设施自主验收规程（试行）的通知》第3条］。

　　（2）水保自主验收。

　　自2017年9月起，依据《国务院关于取消一批行政许可事项的决定》（国发〔2017〕46号），国务院取消了一批行政许可事项，包括取消生产建设项目水土保持设施验收行政审批后，要加强事中事后监管，制定和完善水土保持的有关标准和要求。生产建设单位应按标准进行自主验收。

1）管理范围。

水保自主验收应包括以下主要内容：

①水土保持设施建设完成情况；

②水土保持设施质量；

③水土流失防治效果；

④水土保持设施的运行、管理及维护情况。

2）存在的风险。

生产建设单位和第三方弄虚作假，不满足水土保持设施验收标准和条件而通过验收的，县级以上人民政府水行政主管部门和流域管理机构，要将其违法违规行为的处罚结果报送全国水利建设市场监管服务平台，同时向社会公布〔依据《水利部办公厅关于印发生产建设项目水土保持设施自主验收规程（试行）的通知》第4条〕。

3）标准及要求。

生产建设项目投产使用前，生产建设单位应当按照水利部规定的标准和要求，开展水土保持设施自主验收，验收结果向社会公开并报审批水土保持方案的水行政主管部门备案。水行政主管部门应当出具备案回执。除按照国家规定需要保密的情形外，生产建设单位应当在水土保持设施验收合格后，通过其官方网站或者其他便于公众知悉的方式向社会公开水土保持设施验收鉴定书、水土保持设施验收报告和水土保持监测总结报告。对于公众反映的主要问题和意见，生产建设单位应当及时给予处理或者回应〔依据《水利部关于加强事中事后监管规范生产建设项目水土保持设施自主验收的通知》（水保〔2017〕365号）第2条〕。

项目生产建设单位应开展水土保持设施自主验收以及建设项目竣工的水保"三同时"验收。

其中，编制水土保持方案报告书的，生产建设单位组织第三方机构编制水土保持设施验收报告。承担生产建设项目水土保持方案技术评审、水土保持监测、水土保持监理工作的单位不得作为该生产建设项目水土保持设施验收报告编制的第三方机构（依据《生产建设项目水土保持方案管理办法》第 22 条）。其验收合格条件包含：

①水土保持方案（含变更）编报、初步设计和施工图设计等手续完备。

②水土保持监测资料齐全，成果可靠。

③水土保持监理资料齐全，成果可靠。

④水土保持设施按经批准的水土保持方案（含变更）、初步设计和施工图设计建成，符合国家、地方、行业标准、规范、规程的规定。

⑤水土流失防治指标达到了水土保持方案批复的要求。

⑥重要防护对象不存在严重水土流失危害隐患。

⑦水土保持设施具备正常运行条件，满足交付使用要求，且运行、管理及维护责任得到落实 [依据《水利部办公厅关于印发生产建设项目水土保持设施自主验收规程（试行）的通知》第 2 条]。

三、施工现场管理

1. 生态环境管理

（1）管理范围。

超出限定区域的施工可能破坏关键的野生动植物栖息地，导致物种数量减少和栖息地丧失。森林和草原，可能受到破坏，破坏水资源、土壤和气候调节功能。施工期主要作业区域为临时占地区域，进行土地平整、地基开挖、管线施工、基础设施施工等会使原生地貌发生改变，地表植被受到破坏。

（2）保护标准及措施。

1）工程措施。

①及时对施工单位进行永久及临时林草地批复使用范围的交底，避免超占，将各种施工活动（包括各类临时堆场）均严格控制在红线范围内进行，从而最大程度地避免了对土壤的不必要破坏，并将建设对现有土壤的影响控制在最低限度。

②逐步开挖，不得随意扩大土石方开挖等施工区，减少开挖面。如果不能马上回填，则不过早开挖。在施工过程中做到随挖随运，若当天不能清运，则应采取篷布遮挡等防护措施。

③各种防护措施与主体工程同步实施，以预防下雨路面径流直接冲刷开挖面而造成水土流失。对裸土进行覆盖，采用沙袋或草席压住坡面进行暂时防护，以减少水土流失。

④在临时堆场设置排水沟、截水沟、表面临时覆盖设施，并设置临时挡土墙，以减少降雨侵蚀力。临时堆场位置设置远离区域内现有地表水体。

⑤不在雨季进行挖土施工。

⑥弃方等建渣及时运送至区域城建部门指定的垃圾场，场内不堆存。

⑦在开挖表层土壤时，预先进行剥离，并妥善保存表土，施工完毕后应尽快整理施工现场，对开挖的表层土用于绿化。为防止剥离的表层土被雨水冲刷产生流失，表层土堆存的外边坡坡脚采用土袋（编织袋）拦挡，坡面用草袋覆盖。

⑧严格落实项目设计。

2）植物措施。

对施工后项目场区的检修道路沿线，及时进行植树种草，加强绿化，并确保其所植树草大部分成活，树种则以本地树种为主。

3）管理措施。

①加强管理，严格落实施工监理制度。

②加强施工运输车辆、施工机械管理、禁止随意碾压征地范围外土地，尽可能地减少对土壤和植被的破坏。增强施工人员的环保意识，教育施工人员不随意砍伐野生植物和捕杀野生动物。

2. 大气环境管理

（1）管理范围。

施工期废气主要来源于基础开挖、土方堆放、运输车辆产生的扬尘及尾气。

（2）保护标准及措施。

施工现场严格进行控制，施工区域开挖堆土进行密目网覆盖；施工道路进行洒水降尘。

3. 水环境管理

（1）管理范围。

施工期废污水主要来源于施工机具的冲洗及工作人员的生活废水，施工现场、生活营地等产生的废污水。

（2）保护标准及措施。

施工现场设置混凝土罐车集中清洗点或固定清洗点，将清洗污水与生活区污水进行收集，交由专业污水处理单位进行处理，避免随意排放造成环境污染。

4．声环境管理

（1）管理范围。

施工期噪声主要来源于施工作业机械运行及运输车辆的噪声。

（2）保护标准及措施。

新能源项目因项目本身特殊性，选址地点一般远离居民聚集居住区域，但仍有部分零散靠近居民居住点，夜间施工时车辆鸣笛或机械运行产生噪声影响居民生活，存在被举报、投诉等舆情风险。因此应从噪声源控制上最大限度减小施工噪声，对设备进行隔音、消音、减震处理，对于夜间进行工程施工机械，严格控制鸣笛，监测白昼噪声值满足昼间 70dB 和夜间 55dB 要求，了解对周边居民产生的影响程度，做到文明施工［依据《建筑施工场界环境噪声排放标准》（GB 12523—2011）第 4 条］。

5．固废危废管理

（1）管理范围。

不同品类废物分类可参考《国家危险废物名录》（2021 年版）。

危险废物是指具有下列情形之一的固体废物（包括液态废物）：

1）具有毒性、腐蚀性、易燃性、反应性或者感染性一种或者几种危险特性的。

2）不排除具有危险特性，可能对生态环境或者人体健康造成有害影响，需要按照危险废物进行管理的。

施工期危险废物主要来源于废油、废电池、化学清洗剂、相关废弃机械部件，以及相关机械部件的化学污染品等。

一般固体废物是指除去危险废物的施工建筑废物；施工期（含调试期）一般固体废物主要来源于弃石土、建筑垃圾、生活垃圾等。

（2）保护标准及措施。

一般固体废物处理：工程施工单位应当编制建筑垃圾处理方案，采取污染防治措施，并报县级以上地方人民政府环境卫生主管部门备案。工程施工单位应当及时清运工程施工过程中产生的建筑垃圾等固体废物，并按照环境卫生主管部门的规定进行利用或者处置。工程施工单位不得擅自倾倒、抛撒或者堆放工程施工过程中产生的建筑垃圾（依据《中华人民共和国固体废物污染环境防治法》第 63 条）。

危险废物处理：产生危险废物的单位，应当按照国家有关规定制定危险废物管理计划；建立危险废物管理台账，如实记录有关信息，并通过国家危险废物信息管理系统向所在地生态环境主管部门申报危险废物的种类、产生量、流向、贮存、处置等有关资料。

前款所称危险废物管理计划应当包括减少危险废物产生量和降低危险废物危害性的措施，以及危险废物贮存、利用、处置措施。危险废物管理计划应当报产生危险废物的单位所在地生态环境主管部门备案。

产生危险废物的单位已经取得排污许可证的，执行排污许可管理制度的规定（依据《中华人民共和国固体废物污染环境防治法》第 78 条）。

产生危险废物的单位，应当按照国家有关规定和环境保护标准要求贮存、利用、处置危险废物，不得擅自倾倒、堆放（依据《中华人民共和国固体废物污染环境防治法》第 79 条）。

6．环境敏感区管理

（1）管理范围。

国家公园、自然保护区、永久基本农田、基本草原等，以及对建设项目的某类污染因子或者生态影响因子特别敏感的区域，因为其特殊的环境保护要求，容易被破坏。对于项目施工期，可能涉及邻近的环境敏感区的区域，新能源企业应重点关注，严格规范施工用地，坚决不越雷池一步。

（2）保护标准及措施。

针对不同的环境敏感区，相关新能源施工单位在建设施工时应注意不同的污染源对环境敏感区的破坏不同，具体应依据《建设项目环境影响评价分类管理名录》针对不同敏感点制定不同的保护方案。

7．水土保持

（1）风险点。

建筑施工有以下行为的，将依据《中华人民共和国水土保持法》等法律法规的规定处罚：

1）未编制水土保持方案或者编制的水土保持方案未经批准而开工建设的。

2）生产建设项目的地点、规模发生重大变化（例如风机点位发生变化），未补充、修改水土保持方案或者补充、修改的水土保持方案未经原审批机关批准的。

3）水土保持方案实施过程中，未经原审批机关批准，对水土保持措施作出重大变更的。

4）水土保持设施未经验收或者验收不合格，生产建设项目投产使用的。

5）在水土保持方案确定的专门存放地以外的区域倾倒砂、石、土、矸石、尾矿、废渣等的。

6）开办生产建设项目造成水土流失，不进行治理的（依据《生产建设项目水土保持方案管理办法》第30条）。

（2）保护标准及措施。

施工建设过程中应按照水土保持方案及批复要求做好相关措施。

1）贯彻执行国家关于水土保持的法规，采取措施保护水土资源，做到"三同时"，即水土保持设施与主体工程同时设计、同时施工、同时投产使用。

2）对全体施工人员进行水土保持法规的宣传教育，增强员工的水土保持意识。

3）施工临时设施修建时，对可能造成的水土流失采取有针对性的防护措施，做好临时设施的水土保持工作。

4）施工区内及周围的树木和植被不得随意砍伐和损害。如因工程施工需要，使植被受到损害，必须采取措施及时恢复。

5）采用泥浆护壁进行钻孔桩施工时，采取措施防止泥浆对环境造成污染，禁止任意排放。

6）工程完工后，拆除本合同段范围内的临时设施，恢复租用地原貌。

第四章 生产运营期环保管理

新能源作为清洁能源，在生产运营期间产生的污染相对较小，应重点关注检修和维修期间产生的固废危废和替换下来的废物管理，也应该注意运维期间作业对周围环境的影响，按照环评的要求管理生产运营期间的环保风险，明确各种废物的处置措施，建立危废台账和转移名单。

一、生态环境管理

1. 管理范围

适用于已投运风电项目的风机机位、集电线路及送出线路塔基和线路走廊、光伏（光热）发电项目场区、升压站（或汇集站、无人值守开关站）。

2. 风险点

风力发电机组运行过程中出现机舱漏油，风电项目及光伏（光热）项目进行检修过程中使用大型机械设备、更换齿轮箱以及变压器油、升压站（或汇集站）产生的生活废水，光伏项目更换的电池板及储能设备更换电池等固废存储不当等，都会对环境造成污染及影响。

3. 保护标准及措施

（1）风电设备巡检期，重点检查机舱油脂是否泄露或者有泄露迹象，并及时处理；按照规定要求，固废存放于固废间，并定期或及时处理；严格控制变压器维修时油脂的排除回收（特别针对早期无事故油池的箱式变压器维修时，重点进行管控）。

（2）对场站排放的废气、废水等物质进行监测，以达到排放要求［依据《生态环境统计技术规范 排放源统计》（HJ 772—2022）5.3］。

（3）生产运营期进行技术改造、风电设备检修等操作，严格控制大型设备现场的使用（采用项目工程建设期的要求管理），如会对生态环境造成影响，包括植被破坏、土地占用、水土流失等，要评估对生态环境的影响程度，向有关部门报备。

二、固废危废管理

1. 管理范围

新能源场站产生的一般固体废弃物主要是指生活垃圾，主要来源于场站人员和运维人员，需由环卫部门回收处理。

新能源场站产生的危险废物有废油及污染油布、废变压器、变压器污油、废旧蓄电池等。主要来源于检修和维修时产生的废物，如替换下来的废润滑油、废旧物品、擦拭油污的废布。危险废物需要进行妥善处理，建立危险废弃物台账和危废转移名单，落实转运贮存要符合规范。

2. 风险点

一般固体废弃物，即随意丢弃的生活垃圾中不可降解部分会污染生态环境。

危废物质如果管理不当导致泄漏和丢失会污染土壤、植被和水源，对生态环境造成巨大影响。

3. 保护标准及措施

（1）一般固体废物。

1）生活垃圾贮存在设置的垃圾存放点，不得随意丢弃。

2）等待环卫部门上门回收。

（2）危险废物。

1）危险废物应当依规贮存，禁止随意堆放和泄漏［依据《危险废物贮存污染控制标准》（GB 18597—2023）4～11］。

2）对风电场相关化学物质进行监督，防止化学物质泄漏［依据《风力发电场化学技术监督规程》（NB/T 10562—2021）4～10］。

3）生产运营期产生的危废物资要分区堆放，与其他废物分隔，严格按照相关标准进行危废管理，明确标识危险废物［依据《危险废物识别标志设置技术规范》（HJ 1276—2022）5～10］。

4）按照要求对危险废物标签，危险废物转移过程应建立危险废物转移单，清晰落实整个转移过程（依据《危险废物转移单管理办法》）。

5）废油、事故油需要排放到事故油池暂时贮存，分区存放，等待相关资质单位进行处理。事故油池需要防止渗透，防止雨水和暴晒。

6）废变压器等废旧电气设备设置专门场所贮存，交给相关资质单位进行处理。

7）检修期间产生的污染油布和废旧蓄电池等其他固废贮存在危废暂存间，危废暂存间需要做好防渗、防水和放晒处理，分区存放。

三、水环境管理

1. 管理范围

场站生活废水应按照环评要求处理达标后，监测电站周围生态环境水资源情况。

场站废水应达标处置或让符合资质的第三方清运，取水管理、光伏清洗用水应满足国家标准要求。

2. 风险点

场站用水和排放废水，光伏清洗用水和使用不合格清洗剂对地表水和地下水造成污染。

3. 保护标准及措施

（1）场站用水需严格遵守当地水资源管理部门要求，对于站区内设置水井取水的，必须办理合法合规取水手续（完成水资源论证、办理取水证）；污水排放必须进行污水处理或由专业污水处理单位进行定期处理，禁止直接进行排放。

（2）光伏板清洗需选用符合环保要求的清洗剂或自然水进行清洗，避免造成光伏区土壤及地下水污染。

四、声环境管理

1. 管理范围

运维期间相关车辆和设备，相关电气设备和风力机转动噪声对周围民居和环境的影响。

2. 风险点

相关噪声会对周边居民和场站人员产生影响。

3. 保护标准及措施

（1）产生噪声的分贝符合标准 [依据《声环境质量标准》（GB 3096—2008）4 ~ 6]。

（2）按照环评及当地政府部门要求，定期开展噪声监测，做好监测报告分析与保存。

（3）评估声环境的影响，防止噪声对周围环境产生影响 [依据《环境影响评价技术导则 声环境》（HJ 2.4—2021）5 ~ 10]。

（4）对于造成影响的声源，应尽量避免产生噪声，或者更改作业时间。

五、电磁环境管理

1. 管理范围

升压站和输电线路会产生电磁辐射。

2. 风险点

产生的电磁会对人体产生影响，也会干扰通信信号。

3. 保护标准及措施

相关设备产生的电磁辐射应该在公众暴露控制限值之内，频率为 50Hz，应限制电场强度最高为 0.4V/m，磁场强度最高为 0.1A/m，磁感应强度最高为 100μT，架空输电线路线下的耕地、园地、牧草地、畜禽饲养地、养殖水面、道路等场所，其频率 50Hz 的电场强度控制限值为 10kV/m，且应给出警示和防护指示标志 [依据《电磁环境控制限值》（GB 8702—2014）4 ~ 5]。

六、企业周边主要环境敏感区管理

1. 管理范围

注意监测电站周边生态敏感区环境情况。法定生态保护区域包括依据法律法规、政策等规范性文件划定或确认的国家公园、自然保护区、自然公园等自然保护地、世界自然遗产、生态保护红线等区域；重要生境包括重要物种的天然集中分布区、栖息地，重要水生生物的产卵场、索饵场、越冬场和洄游通道，迁徙鸟类的重要繁殖地、停歇地、越冬地以及野生动物迁徙通道等。

2. 风险点

发电设备会对生态环境产生影响（例如，大型机械产生的噪声对候鸟的损害、噪声影响人居环境）；场站产生的污染物会对生态环境造成影响（例如，植被损害、土壤污染、水源污染等）。

3. 保护标准及措施

（1）应对企业环保设施进行记录，包括基本信息、生产设施运行管理信息、污染防治设施运行管理信息、监测记录信息及其他环境管理信息等 [依据《环境影响评价技术导则　生态影响》（HJ 19—2022）3 ~ 9]。

（2）对排放源进行监测，使排放物达到国家标准 [依据《生态环

境统计技术规范 排放源统计》（HJ 772—2022）5.3〕。

（3）生产运营期如有大型机械施工活动（大部件更换、技改等吊装作业），会对生态环境造成影响，包括植被破坏、土地占用、水土流失等，要评估对生态环境的影响程度，向有关部门报备，制定防治措施。

第五章　环境监测管理

　　根据《中央企业节约能源与生态环境保护监督管理办法》(2022年6月)，企业应依法开展污染物排放自行监测，按照国家和地方人民政府要求建立污染物排放监测系统，严格按照国家和地方人民政府规范的统计监测口径、范围、标准和方法，结合第三方检测、内部审计、外部审计等多种形式，确保能源消耗、污染物排放等统计监测数据的真实性、准确性和完整性。

一、生态监测

生态监测是指利用物理、化学、生化、生态学等技术手段，对生态环境中的各个要素、生物与环境之间的相互关系、生态系统结构和功能进行监控和测试，是对人类活动影响下自然环境变化的监测。通过不断监视自然和人工生态系统及生物圈其他组成部分（外部大气圈、地下水等）的状况，确定改变的方向和速度，并查明多种形式的人类活动在这种改变中所起的作用。

1. 监测范围

（1）土壤监测：土壤沉积物、pH 值、有机质。
（2）陆表植被监测：植被类型、生理生态。

2. 监测频次及点位

监测频次 1 次 / 年，在 6～9 月进行。以企业中心为圆心，在半径为 2km 的监测范围内随机布设监测样地（样地原则上设置为 100m×100m），每个样地中随机布设 3 个样方进行监测（样方面积：草本在 1m² 以上，灌木在 10m² 以上，乔木在 100m² 以上）；或在样地内沿步道、公路布设 2 条及以上 1～3km 的样线（样线之间间隔 0.5km 以上）。

3. 监测分析

生态环境监测与统计学有着一定的联系，通常会以物理定量分析与数学统计来分析各项监测数据中存在的决策因素与发展规律。在监测挖掘数据时，两个及以上的数据基本会存在一定的联系，因此在监测与分析单个数据之后，可验证其关联数据，最后再以验证分析、统计分析的方式来统计与分析影响环境变化的各项因素。

二、环境监测

环境监测是科学管理环境和环境执法监督的基础，是环境保护必不可少的基础性工作。环境监测的核心目标是提供反映环境质量现状及变化趋势的数据，判断环境质量，评价当前主要环境问题，为环境管理服务。

1．监测范围

（1）噪声监测：厂区噪声、工业噪声、室内噪声、工地噪声。

（2）光监测：白亮污染、人工白昼污染。

（3）水质监测：工业废水、生活污水、饮用水、地表水、实验用水。

（4）空气监测：环境空气、工业废气、室内空气、油烟、VOCs。

2．监测频次及点位

噪声监测频次 1 次 / 季度，监测点位设在道路旁、室内和工作区；光监测频次 1 次 / 年，监测点位设在居住区和光伏组件附近；水质监测频次 1 次 / 月，监测点位设在外排口出口处；空气监测频次 1 次 / 半年，监测点位设在厂区内和风电场下游区域。

3. 监测分析

项目建成后是否会对周围环境带来危害或新环境对原始环境是否存在影响和变化都需要进行环境评价，需要环境监测的实时数据作为依据。环境监测通过物理法、化学法和生物法对污染物浓度进行测定分析，为制定环境保护及环境管理提供科学的有效依据，以达成该地区的大气环境污染物浓度、周围水环境质量、产生的噪声现状等符合要求并继续开展建设生产的目的。

需要重点注意的是，对于已投运并通过环保验收的风电场，需要对环评要求的"风机规定距离内不得有敏感因素"进行重点监测（避免有村民在敏感因素范围内建造房屋、养殖场或者其他设施。建议参照国家卫片执法的手段，采取每个月或者一个季度，在检修时对每台风机周边进行航拍对比，排除新增敏感因素，防范舆情风险）。

第六章 环保应急管理

依据《中央企业节约能源与生态环境保护监督管理办法》，中央企业开展环境影响因素识别、风险点排查和隐患治理，防范环境污染事件。坚持预防为主、预防与应急相结合的原则开展突发环境事件应急管理工作。

一、制定和备案环境应急预案

1. 制定应急预案

（1）制定应急预案范围。

1）新能源企业可能发生突发环境事件的场所，如油品库、危废仓库、生活污水处理系统。

2）新能源企业生产、储存、运输、使用的危险化学品。

3）新能源企业产生、收集、贮存、运输、利用、处置固（危）废物。

4）新能源企业其他应当纳入适用范围项目。

（2）存在的环保风险。

未按规定制定突发环境事件应急预案并备案、演练，及其他可能构成的环境违法行为［依据《突发环境事件应急管理办法》（环境保护部令第34号）第6条］。

（3）制定应急预案基本要求。

1）环境应急预案应体现自救互救、信息报告和先期处置特点，侧重明确现场组织指挥机制、应急队伍分工、信息报告、监测预警、不同情景下的应对流程和措施、应急资源保障等内容。环境应急预案编制步骤：

①成立环境应急预案编制组。

②开展环境风险评估和应急资源调查。

③编制环境应急预案。

④评审和演练环境应急预案。

⑤签署发布环境应急预案［依据《企业事业单位突发环境事件应急

预案备案管理办法（试行）》（环发〔2015〕4号）第9~10条〕。

2）结合实际编制内容建议包括：突发环境事件应急预案编制说明，突发环境事件风险评估报告，突发环境事件应急资源调查报告，突发环境事件应急预案，危险废物专项环境应急预案等〔依据《突发环境事件应急管理办法》（环境保护部令第34号）第6条〕。

2. 环保部门备案及公示

（1）备案管理标准及要求。

企业事业单位应当按照国务院环境保护主管部门的规定，在开展突发环境事件风险评估和应急资源调查的基础上制定突发环境事件应急预案，并按照分类分级管理的原则，报县级以上环境保护主管部门备案〔依据《突发环境事件应急管理办法》（环境保护部令第34号）第13条〕。

（2）公示管理标准及要求。

公示内容应包括：企业基本信息、企业环境管理信息、污染物产生、治理与排放信息、碳排放信息、生态环境应急信息、生态环境违法信息、本年度临时环境信息依法披露情况和法律法规规定的其他环境信息〔依据《企业环境信息依法披露管理办法》（生态环境部令第24号）第12条〕。

3. 应急演练

（1）适用范围。

1）新能源企业可能发生突发环境事件的污染物处理设施。

2）新能源企业储存、运输、使用危险化学品。

3）新能源企业产生、收集、贮存、运输、利用、处置危险废物。

4）新能源企业危废仓库。

5）其他应当纳入适用范围的。

（2）存在的环保风险。

1）未按规定开展突发环境事件应急培训，未如实记录培训情况。

2）突发环境事件应急方案不全面。

（3）标准及要求。

如实记录应急演练培训及演练的时间、内容、参加人员，以及考核结果、现场总结等情况，并将培训情况备案存档［依据《企业突发环境事件隐患排查和治理工作指南（试行）》（环境保护部公告 2016 年第 74 号）第 5 条］。

4. 突发环境隐患排查治理

（1）适用范围。

适用于为防范火灾、爆炸、泄漏等生产安全事故直接导致或次生突发环境事件而自行组织的突发环境事件隐患排查和治理。隐患排查治理信息名录见表 6-1。

表 6-1 隐患排查治理信息目录

序号	隐患名称（内容）	隐患等级
1	风机周边敏感点情况	严重
2	主变油污情况、漏油情况	严重
3	箱变油污情况、漏油情况	严重
4	风机塔筒油污、漏油情况	严重
5	风机场坪油污情况	严重

序号	隐患名称（内容）	隐患等级
6	生活污水处理情况	严重
7	生活垃圾处理情况	严重
8	危废固废存放、处置情况	严重
9	雨水排水管道情况	严重
10	各检修道路排水渠情况	严重
11	厨房隔油池情况	一般
12	厨房油烟处置设施情况	一般
13	升压站设备区集油池情况	一般
14	升压站周围垃圾情况	一般
15	风机场坪周围垃圾情况	一般
16	箱变场坪周围垃圾情况	一般

（2）存在的环保风险。

1）未按规定开展突发环境事件风险评估工作、确定风险等级。

2）未按规定开展环境安全隐患排查治理工作，未建立隐患排查治理档案。

（3）突发环境隐患排查治理要求。

1）突发环境事件应急管理。

新能源企业在处理突发环境应急事件时［依据《中央企业节约能源与生态环境保护监督管理办法》（国务院国有资产监督管理委员会令第41号）第32～37条］：

①应坚持预防为主、预防与应急相结合的原则开展突发环境事件应

急管理工作。

②应依法制定和完善突发环境事件应急预案，按要求报所在地生态环境主管部门备案，并定期开展应急演练。

③应加强应急处置救援能力建设，定期进行突发环境事件应急知识和技能培训。

④发生或者可能发生突发环境事件时，应立即启动相应级别突发环境事件应急预案。

⑤在突发环境事件发生后，应开展环境应急监测，按要求执行停产、停排措施，积极配合事件调查，推动环境恢复工作。

⑥应建立健全突发环境事件舆情应对工作机制。

⑦发生突发环境事件或节能环保违法违规事件后，应按有关要求进行报告。

2）隐患排查内容与治理。

新能源企业要时刻绷紧神经，对可能导致出现环保问题的隐患进行排查治理［依据《企业突发环境事件隐患排查和治理工作指南（试行）》（环境保护部公告 2016 年第 74 号）第 3～5 条］：

①从环境应急管理和突发环境事件风险防控措施两方面排查可能直接导致或次生突发环境事件的隐患（如突发水环境事件风险防控、突发大气环境事件风险防控）。

②确定企业隐患排查治理的基本要求。

③建立完善隐患排查治理管理机构。

④建立隐患排查治理制度。

⑤明确隐患排查方式和频次。

⑥隐患排查治理的组织实施。

⑦加强宣传培训和演练。

⑧建立档案。

二、重要时期和重污染天气应急

1. 管理范围

（1）国家或地方重要活动期间，以及京津冀及周边地区、长三角、汾渭平原等重点区域秋冬季重污染天气应急管控。

（2）地方政府启动的重污染天气应急预案。

2. 存在的环保风险

（1）未按地方环保部门要求编制重污染天气应急预案，或未及时更新已编制重污染天气应急预案，相关措施不具体，未及时备案，被环保部门处罚或通报。

（2)未执行重要时段或时期的空气质量管控要求，措施落实不到位，影响企业安全生产或污染物超限排放，被环保部门通报或处罚。

3. 标准及要求

（1）列入国家重点区域的京津冀及周边"2+26"城市企业，应积极主动执行国家、地方政府启动的重污染天气或重要时期空气质量管控方案，提前编制保障期间的生产计划、大宗物资运输和储备（含环保物资）、重型柴油车错峰运输、人员保障等工作预案，切实履行央企社会责任。

（2）应及时发布预警启动与解除、降级或解除预警信息。橙色及以上预警期间，应停止使用国二及以下非道路移动机械；大宗原料和产品运输的单位应停止使用国四及以下重型载货汽车（含燃气）进行运输。施工工地应停止土石方作业、建筑拆除、喷涂粉刷、护坡喷浆、混凝土搅拌等［依据《关于加强重污染天气应对夯实应急减排措施的指导意见》（环办大气函〔2019〕648号）第3章第1条］。

（3）应按照地方政府要求及时启动相关工作，确保不发生安全环保事件。

（4）重污染天气应急预案和重要时段空气质量管控应急方案，应按环保要求，及时向当地环保部门备案（依据各地相关政策执行）。

三、环保迎检

1. 存在的环保风险

（1）企业管理人员不掌握企业污染物治理情况，生态环保风险隐患排查与整改工作不重视，对于易发环保问题防范措施不落实。

（2）未和地方环保部门有效衔接和沟通，不能及时了解相关情况。

（3）环保迎检工作不规范，对于暗访、突击检查等情况发生门卫拒检、迎检人员不专业、回答问题不准确、配合检查不积极等问题，导致环保通报和处罚。

（4）环保检查指出问题未及时整改，整改结果不符合环保要求，或未及时向地方环保部门报备，未进行问题闭环销号工作。

2. 标准及要求

（1）做好与地方政府的有效衔接和沟通，及时了解相关情况，认真按照督查意见完成相关整改工作。强化本单位所属企业环保设施管理，企业负责人要掌握企业生态环保风险情况，管理人员要掌握企业污染物排放情况，确保环保设施稳定达标排放，做到依法合规生产。

（2）结合实际做好环保督察检查的准备工作（依据《中央生态环境保护督察工作规定》）。

（3）规范建立环保迎检制度，完善环保迎检流程和预案，明确各岗位人员责任，提高环保迎检工作的敏感性，建立常态化、制度化、高效的环保迎检机制。具备条件的企业应建立环保档案室或办公室，规范收集各类迎检材料，包括月报表，环水保"三同时"项目验收批准文件，排污税缴纳情况，建厂环评及验收情况，积极创造良好的迎检环境。

（4）严格落实环保检查或督导检查整改要求，围绕问题清单，坚持标本兼治，立行立改；按期完成整改；严格落实责任考核要求，举一反三，建立长效防范机制。

（5）建立快速有效的沟通机制，对环保督察或检查发现的问题要做好解释和汇报工作，尽可能就地化解环保隐患，避免发生被公开通报处罚的环保形象安全事件。

四、环保舆情监控与管理

1. 存在的环保风险

漠视当地环保举报或环保问题反映，导致产生环保舆情。环保舆情处置不当，未积极主动响应相关诉求，引发社会关注，对企业产生负面影响。

2. 标准及要求

（1）积极应对环保举报，主动响应有关诉求，做好沟通与协调，及时解决企业存在的环保问题，确保问题不扩大。

（2）加强与各级地方政府环保部门的沟通与联系，及时向地方环保部门汇报，申请现场问题核查，主动申请问题销号闭环。

（3）接受环保督察或检查，应第一时间向集团公司生产值班室和生产环保部环保处报告有关检查情况。

五、地方环保政策要求

各企业按照地方政策自行补充。

第七章　企业环境信息依法披露

　　依法开展环境信息披露是企业的社会责任，是消除信息不对称导致市场失灵和社会监督失焦的重要基础，也是国际上落实企业环境责任的通行做法。中央企业应自觉履行环境信息强制性披露责任，严格按照法律法规要求的内容、方式和时限如实规范披露环境信息（依据《中央企业节约能源与生态环境保护监督管理办法》第 14 条）。

一、环水保全过程信息公开

1．编制过程公开征集

专项规划编制机关应当在规划草案报送审批前，举行论证会、听证会，或者采取其他形式，征求有关单位、专家和公众对环境影响报告书草案的意见。建设单位应当依法听取环境影响评价范围内的公民、法人和其他组织的意见，鼓励建设单位听取环境影响评价范围之外的公民、法人和其他组织的意见（依据《环境影响评价公众参与办法》第 4～5 条）。

2．公开公正监管

坚持公开是常态，不公开是例外。全面推行"双随机一公开"，建立健全水土保持信息公开平台，依法公开水土保持监管制度、权责清单、监管结果。

3．环水保验收公示

（1）环保验收公示。

除按照国家需要保密的情形外，建设单位应当通过其网站或其他便于公众知晓的方式，向社会公开下列信息：

1）建设项目配套建设的环境保护设施竣工后，公开竣工日期。

2）对建设项目配套建设的环境保护设施进行调试前，公开调试的起止日期。

3）验收报告编制完成后 5 个工作日内，公开验收报告，公示的期限不得少于 20 个工作日。建设单位公开上述信息的同时，应当向所在地县级以上环境保护主管部门报送相关信息，并接受监督检查（依据《建设项目竣工环境保护验收暂行办法》第 11 条）。

（2）水保验收公示。

生产建设项目投产使用前，生产建设单位应当按照水利部规定的标准和要求，开展水土保持设施自主验收，验收结果向社会公开并报审批水土保持方案的水行政主管部门备案。水行政主管部门应当出具备案回执。其中，编制水土保持方案报告书的，生产建设单位组织第三方机构编制水土保持设施验收报告。承担生产建设项目水土保持方案技术评审、水土保持监测、水土保持监理工作的单位不得作为该生产建设项目水土保持设施验收报告编制的第三方机构［依据《生产建设项目水土保持方案管理办法》（水利部令第 53 号）第 22 条］。

二、按照国家和地方政府要求开展信息公开

为了规范企业环境信息依法披露活动，加强社会监督，依据《中华人民共和国环境保护法》《中华人民共和国清洁生产促进法》《公共企事业单位信息公开规定制定办法》《环境信息依法披露制度改革方案》等相关法律法规和文件制定：

（1）企业应当建立健全环境信息依法披露管理制度，规范工作规程，明确工作职责，建立准确的环境信息管理台账，妥善保存相关原始记录，科学统计归集相关环境信息。

（2）企业披露环境信息所使用的相关数据及表述应当符合环境监测、环境统计等方面的标准和技术规范要求，优先使用符合国家监测规

范的污染物监测数据、排污许可证执行报告数据等。

（3）企业应当依法、及时、真实、准确、完整地披露环境信息，披露的环境信息应当简明清晰、通俗易懂，不得有虚假记载、误导性陈述或者重大遗漏。

（4）企业披露涉及国家秘密、战略高新技术和重要领域核心关键技术、商业秘密的环境信息，依照有关法律法规的规定执行，涉及重大环境信息披露的，应当按照国家有关规定请示报告。

第八章　环保合规性管理

　　根据《中央企业节约能源与生态环境保护监督管理办法》，中央企业应坚持依法合规，严格遵守国家节约能源与生态环境保护法律法规和有关政策，依法接受国家和地方人民政府节约能源与生态环境保护相关部门的监督管理。

一、新建、改建、扩建工程环境保护管理

1. 管理内容

（1）管理范围。

新能源企业所有新建、改建、扩建及技改风电、光伏项目。

（2）具体内容。

新能源企业在新建、改建、扩建等工程项目的环境保护合规性管理至关重要，以确保项目符合环境法规和标准，最大程度地减少对环境的不利影响。主要有：

1）环境影响评估：在项目计划阶段进行全面的环境影响评估，以确定项目可能对周围环境的潜在影响。

2）环境保护设施建设：项目建设需要配套建设的环境保护设施，必须与主体工程同时设计、同时施工、同时投产使用。

3）许可和合规性：确保项目获得必要的环境许可和合规文件，包括建设和运营阶段所需的文件。并确保项目符合当地、国家和国际环境法规。

4）环境规划：制定详细的环境规划，包括土地使用、水资源管理、废物管理和生态系统保护。

5）噪声和振动控制：采取措施来减少施工和运营阶段可能产生的噪声和振动，以减轻对周围社区的不适影响。

6）紧急情况应对：建立应急情况应对计划，以处理可能发生的环境紧急情况，如泄漏、火灾等。

7）持续改进：根据监测数据和经验教训，采取措施来不断改进环

境保护绩效，以满足更高的环境标准。

2. 存在的环保风险

（1）建设项目环境影响评价文件未经批准或者未经原审批部门重新审核同意，擅自开工实施。

（2）环境保护设施未建成、未经验收或者验收不合格，建设项目即投入生产或者使用。

（3）建设项目采取的污染防治措施无法确保污染物排放达到国家和地方排放标准，或者未采取必要措施预防和控制生态破坏。

（4）建设单位编制建设项目初步设计未落实防治环境污染和生态破坏的措施，以及环境保护设施投资概算，未将环境保护设施建设纳入施工合同，或未依法开展环境影响后评价。

（5）未在规定期限内完成环保项目自主验收，自主验收程序及过程存在违规验收，或已完成自主验收未及时向当地环保部门报备。

（6）已验收，但项目性质、规模、地点、采用的生产工艺或者防止污染、防止生态破坏的措施发生重大变动的，未及时进行变更审批。

（7）改建、扩建和技术改造项目，未针对项目原有环境污染和生态破坏提出有效防治措施。

（8）建设单位未依法向社会公开环境保护设施验收报告。

3. 标准及要求

（1）对建设项目的环境影响评价实行分类管理，主要为编制环境影响报告书、环境影响报告表或者填报环境影响登记表（依据《中华人民共和国环境影响评价法》第 16 条）。

（2）建设项目的环境影响评价工作应依法开展评价报告撰写工作，进行建设项目的环评申报、审批、初步设计和施工建设等工作［依据《建设项目竣工环境保护验收技术规范生态影响类》（HJ/T 394—2007）和《中华人民共和国环境影响评价法》第 16 条、第 22 ~ 26 条］。

（3）建设项目采取的污染防治措施必须确保污染物排放达到国家和地方排放标准，并采取必要措施预防和控制生态破坏（依据《建设项目环境保护管理条例》第 22 条）。

（4）建设项目中防治污染的设施，应当与主体工程同时设计、同时施工、同时投产使用。防治污染的设施应当符合经批准的环境影响评价文件的要求，不得擅自拆除或者闲置（依据《中华人民共和国环境保护法》第 41 条）。

（5）进行环保验收和投运报备工作（依据《建设项目环境保护管理条例》第 16 ~ 20 条）。

（6）排放污染物的企业事业单位和其他生产经营者，应当采取措施，防止在生产建设或者其他活动中产生的废气、废水、废渣、医疗废物、粉尘、恶臭气体、放射性物质，以及噪声、振动、光辐射、电磁辐射等对环境的污染和危害。排放污染物的企业事业单位，应当建立环境保护责任制度，明确单位负责人和相关人员的责任（依据《中华人民共和国环境保护法》第 42 条）。

（7）改建、扩建项目和技术改造项目必须采取措施，治理与该项目有关的原有环境污染和生态破坏（依据《建设项目环境保护管理条例》第 5 条）。

（8）重点排污单位应当按照国家有关规定和监测规范安装使用在线监测设备，保证监测设备正常运行，保存原始监测记录。

二、收购（合作开发）项目环境保护管理

1. 管理内容

（1）管理范围。

主要涉及新能源企业收购已投产的风电（光伏）项目以及合作开发的风电（光伏）项目的环保方面事项。具体包括对项目涉及的环保支持性材料进行梳理，核实报送信息，进行环保合规性风险排查和整改，以确保交割过程中不出现环保方面的问题。在项目收购的前期，进行尽职调查，确保符合法律法规要求，避免出现涉及生态红线、建设用地手续、林草等相关手续不符合要求的重大问题，以确保项目交割过程中合法、合规，避免潜在的环保和法律方面的风险。

（2）具体内容（需要考虑的环境保护合规性管理方面有）。

1）环境尽职调查：在决定收购或合作前，为避免出现涉及生态红线、林地保护等问题，应进行全面的环境尽职调查，以了解项目的环境状况、环境许可证和批准文件、环境法规合规性等。

2）法规合规性审查：确保项目已获得且遵守所有必要的环保许可证和合规文件并检查项目符合当地、国家和国际环保法规，保证环境保护支持性文件有效性。

3）环境政策一致性：确保合作伙伴或被收购项目的环境政策与新能源企业的环保价值观及承诺一致，以确保项目的可持续性。

4）合同中的环境规定：在合同中包括明确的环境规定，规定项目的环境目标和责任，以确保所有合作方了解其环保义务。

5）风险管理：制定并执行环境风险管理计划，以降低可能的环境

风险，并采取必要的措施来解决潜在的问题。

6）环境监测和报告：建立环境监测系统，以监测项目的环境影响，定期向政府机构和利益相关方报告，并确保透明度和合规性。

7）生态修复：制定土地修复计划，以确保项目结束后对环境的不利影响得到减轻，帮助当地生态系统的恢复。

8）紧急情况应对：制定应急情况应对计划，以处理可能的环境紧急情况。

9）持续改进：根据监测和评估结果，采取措施来不断改进项目的环境保护性能，以满足更高的环境标准。

10）项目前期的土地预审：新能源企业在收购项目前，首先进行土地预审，确保土地使用计划符合当地土地使用规定，不侵犯生态红线和其他环保限制。

11）项目前期的环评批复：在项目前期，进行环境影响评价（EIA）并获得相关主管部门的环评批复，以证明项目的环境规划和实施合规性。

12）项目前期水保批复：在项目前期，进行水土保持批复，证明项目在水资源利用和水土保持方面的规划和实施符合法规，以减少水资源浪费和土壤侵蚀的风险。

13）项目建设期间的土地批复：在项目建设期间，需对于获得用于项目建设的土地相关文件进行审批，保证土地使用计划在建设期间符合法规，不侵犯生态红线和其他环保要求。

14）项目建设期间的林地草原批复：对于涉及林地和草原的项目，项目建设期间，需要获得相关主管部门的批复，保证项目在林地和草原利用方面遵循法规，减小对生态系统的负面影响。

15）项目建设期间的环保验收：在项目建设完成后进行环保验收，

评估项目对环境的影响，证明项目在建设期间的环境管理和保护工作符合法规和环评批复的要求。

16）项目建设期间的水保验收：涉及水资源的项目在建设完成后需要进行水土保持验收，确保项目在水资源管理和土壤保持方面的建设工作符合法规和水土保持验收的要求，减小水土流失和水资源污染的风险。

2. 存在的环保风险

（1）在决定收购或合作前，未进行全面的环境尽职调查，特别是项目的环境状况、环境许可证和批准文件、环境法规合规性等。

（2）在决定收购或合作前，未检查其环境保护设施是否建成，或验收不合格，建设项目即投入生产或者使用。

（3）在决定收购或合作前，不能保证项目已获得并遵守所有必要的环保许可证和合规文件。未检查项目是否符合当地、国家和国际环保法规。

（4）未制定并执行环境风险管理计划，无法降低潜在的环境风险。

（5）已验收，但项目性质、规模、地点、采用的生产工艺或者防止污染、防止生态破坏的措施发生重大变动的，未及时进行变更审批。

（6）收购或合作后，未建立环境监测系统，未在规定期限内向政府机构和利益相关方报告。

（7）在收购项目交割前，未进行梳理交割清单。

（8）交割时，未对环保合规性文件进行核对，特别是环保支持性文件合规、完备，避免带问题交割。

（9）被收购项目存在违反环保法规的环境问题，如未经批准的排放、废水、废气处理不当等，可能导致环保主管部门对新能源企业和项目进行罚款、停产整顿等处罚。

（10）项目交割前未能全面了解项目的环境监管状况，存在监管漏洞，可能导致未来环保违规被监管部门发现后的处罚。

（11）带病交割可能导致企业在社会舆论中受到负面关注，公众对企业的环保声誉产生怀疑，影响企业形象。

（12）环境问题可能引发投资者对企业的不信任，影响股价和公司估值，导致财务损失。

3. 标准及要求

参照新建、改建、扩建的环保管理标准及要求：

（1）对环境影响很小、不需要进行环境影响评价的，应当填报环境影响登记表（依据《中华人民共和国环境影响评价法》第 16 条）。

（2）对建设项目的环境影响评价实行分类管理，主要为编制环境影响报告书、环境影响报告表或者填报环境影响登记表（依据《中华人民共和国环境影响评价法》第 16 条）。

（3）进行环保验收和投运报备工作（依据《建设项目环境保护管理条例》第 16 ~ 20 条）。

（4）建设项目采取的污染防治措施必须确保污染物排放达到国家和地方排放标准，并采取必要措施预防和控制生态破坏（依据《建设项目环境保护管理条例》第 22 条）。

（5）排放污染物的企业事业单位和其他生产经营者，应当采取措施，防止在生产建设或者其他活动中产生的废气、废水、废渣、医疗废物、粉尘、恶臭气体、放射性物质，以及噪声、振动、光辐射、电磁辐射等对环境的污染和危害。排放污染物的企业事业单位，应当建立环境保护责任制度，明确单位负责人和相关人员的责任（依据《中华人民共和国环境保护法》第42条）。

（6）重点排污单位应当按照国家有关规定和监测规范安装使用在线监测设备，保证监测设备正常运行，保存原始监测记录。

三、专项工作

1. 中央、地方生态专项资金申请

企业应积极争取中央、地方生态环保专项资金，推进本单位生态环保治理工作。工作范围包括项目立项文件、可行性研究报告及批复等项目成熟度证明材料全过程管理。

申报中央生态环境专项资金的项目需先进入中央生态环境资金项目储备库。中央生态环境专项资金项目实行属地管理制，项目实施单位应向属地生态环境分局提交申请，并提供项目立项文件、可行性研究报告及批复等项目成熟度证明材料，由生态环境分局将项目录入中央生态环境资金项目管理系统进行储备，待项目通过专家评审后即可进入中央项目储备

2. 按地方政府要求办理相关证件

（1）取水许可证。

1）取用水资源的单位和个人，除本条例第四条规定的情形外，都应当申请领取取水许可证，并缴纳水资源费（依据《取水许可和水资源费征收管理条例》第2条）。

2）取水许可证有效期限一般为 5 年，最长不超过 10 年，有效期届满，需要延续的，取水单位或者个人应当在有效期届满 45 日前向原审批机关提出申请。连续停止取水满 2 年的，由原审批机关注销取水许可证（依据《取水许可和水资源费征收管理条例》第 25 条）。

3）拒不执行审批机关作出的取水量限制决定，或者未经批准擅自转让取水权的，责令停止违法行为，限期改正，处 2 万元以上 10 万元以下罚款；逾期拒不改正或者情节严重的，吊销取水许可证（依据《取水许可和水资源费征收管理条例》第 51 条）。

（2）排污许可证。

1）依照法律规定实行排污许可管理的企业事业单位和其他生产经营者（以下称排污单位），应当依照本条例规定申请取得排污许可证；未取得排污许可证的，不得排放污染物（依据《排污许可管理条例》第 2 条）。

2）排污许可证有效期为 5 年。排污许可证有效期届满，排污单位需要继续排放污染物的，应当于排污许可证有效期届满 60 日前向审批部门提出申请。排污单位变更名称、住所、法定代表人或者主要负责人的，应当自变更之日起 30 日内，向审批部门申请办理排污许可证变更手续（依据《排污许可管理条例》第 14 条）。

3）被依法撤销、注销、吊销排污许可证后应当依法重新申请取得排污许可证，未重新申请取得排污许可证前不能排放污染物（依据《排污许可管理条例》第 33 条）。

（3）危废经营许可证。

1）申请领取危险废物收集、贮存、处置综合经营许可证应具备法规所要求的技术人员、运输工具、包装工具、贮存设施设备、建设规划、污染防治设施、处置技术工艺、安全规章制度、事故应急救援措施等条件（依据《危险废物经营许可证管理办法》第 5 条）。

2）有下列情形之一的，危险废物经营单位应当按照原申请程序，重新申请领取危险废物经营许可证（依据《危险废物经营许可证管理办法》第 12 条）：

①改变危险废物经营方式的；

②增加危险废物类别的；

③新建或者改建、扩建原有危险废物经营设施的；

④经营危险废物超过原批准年经营规模 20% 以上的。

3）危险废物综合经营许可证有效期为 5 年；危险废物收集经营许可证有效期为 3 年。危险废物经营许可证有效期届满，需要继续从事危险废物经营活动的，应当于危险废物经营许可证有效期届满 30 个工作日前向原发证机关提出换证申请，并将原危险废物经营许可证交回发证机关（依据《危险废物经营许可证管理办法》第 13 条）。

4）禁止无经营许可证或者不按照经营许可证规定从事危险废物收集、贮存、处置经营活动。禁止从中华人民共和国境外进口或者经中华人民共和国过境转移电子类危险废物。禁止将危险废物提供或者委托给无经营许可证的单位从事收集、贮存、处置经营活动。禁止伪造、变造、转让危险废物经营许可证（依据《危险废物经营许可证管理办法》第 15 条）。

（4）其他证照。

其他证照申请、更换根据国家、地方相应法律法规要求执行。

3. 扩绿降碳

根据国家和各级政府部门的要求，新能源项目应在全生命周期内践行扩绿降碳目标，增强碳汇能力，减少污染物排放，加强体制机制建设，确保取得实效。

第九章　环保定期工作

　　企业应建立健全节约能源与生态环境保护工作报告制度，严格按照国家和地方政府要求统计监测口径、范围、标准和方法，确保能源消耗、二氧化碳排放、污染物排放、水资源利用等统计数据的真实性、准确性和完整性。

一、集团公司环保定期工作

1. 月报、年报环境信息统计

集团公司环保定期工作分为月报、年报环境信息统计工作。

（1）综合统计系统线上填报表包括环保月报、环保年报。

1）环保月报。

应按集团要求进行报送。

2）环保年报。

应按集团要求进行报送。

（2）填报要求。

1）各单位应建立自下而上、逐级把关的节约能源与生态环境保护统计报送信息审核制度，明确填报、审核责任，确保原始记录和统计台账符合相关要求，确保统计信息（数据）的真实性、准确性和完整性。

2）严格执行月报、年报报送时间。二级单位月报上报时间为每月5日，基层企业应每月3日前上报二级单位，年报上报时间为每年2月底。

3）二级单位环保相关人员需严格审核数据，严格执行月报、年报汇总上报时间。月报上报时间为每月5日，年报上报时间为每年2月底。

2. 生态环保风险排查与整改台账

台账分三级管理，可作为集团公司、二级公司、基层企业风险台账。基层企业填报后，由二级公司逐项审核后每月5日前在系统中提交集团公司，扎实推进生态环保风险整改。二级公司要做到本级公司产业全覆盖，明确填报负责人，实事求是，真实反映企业生态环保风险管理情况，积极组织和督促基层企业加快整改。基层企业要建立环保风险隐患排查与整改长效机制，落实责任，明确整改方案，加强整改过程管理，确保整改工作取得实效。

3. 环保处罚与通报情况报送

严格执行重大环保信息报送规定，对于出现的环保通报、处罚及整改要求，要在第一时间（事发当天）报告集团公司生产环保部和各归口管理部门，积极消除环保舆情风险。每月 5 日前报送相关情况。

二、区域公司及场站环保定期工作

企业根据情况补充相关内容。

第十章　环保管理档案

　　根据《中华人民共和国档案法》《中华人民共和国档案法实施办法》《企业档案管理规定》（国家档案局令第21号）、《环境保护档案管理办法》（2021年12月）及当地档案管理条例等法律法规要求，企业应加强环保档案管理，规范环保档案收集、整理工作，夯实环保基础，完善环保手续，降低企业环保风险。

为充分发挥环保档案在环境保护工作中的作用，应结合企业环保工作实际，及时、妥善完成环保管理档案的收集、整理、分类、归档工作，做到档案存放条理化、排列系统化、保管科学化。档案应包括管理制度、项目建设运营期合法合规材料、监测记录、定期工作、学习培训记录。